Tabele kalorii

Claudia Daiber

Tabele kalorii

Mały poradnik zdrowego odżywiania

Z języka niemieckiego przełożyła
Małgorzata Mirońska

KDC
KLUB DLA CIEBIE

Tytuł oryginału:
KALORIEN TABELLE

Projekt okładki
Beata Gorzkowska
SEPIA DRUK Sp. z o.o.

Redakcja
Małgorzata Juras

Korekta
Danuta Wdowczyk,
Radomiła Wójcik

Weltbild Buchverlag
Copyright © 1999 Weltbild Verlag GmbH, Augsburg, Niemcy
Copyright © for the Polish edition by Bauer-Weltbild Media Sp. z o.o., Sp. K.,
Warszawa 2002

Osiemdziesiąta pierwsza publikacja Klubu dla Ciebie

ISBN 978-83-88729-80-5

Bauer-Weltbild Media Sp. z o.o., Sp. K.
Klub dla Ciebie
www.kdc.pl

Skład: GABO, Milanówek
Druk i oprawa: Rzeszowskie Zakłady Graficzne S.A.

Spis treści

6

Zdrowe odżywianie

Zdrowy, racjonalny styl odżywiania jest prawdziwym dobrodziejstwem dla naszego organizmu – obecnie wiemy o tym wszyscy. Jednakże, w naszym zabieganym świecie pozostaje nam często niewiele czasu na zastanawianie się nad tym, co „wrzucamy" do naszych żołądków. A przecież, z im większą uwagą wybieramy i przyrządzamy nasze pożywienie, im większą wagę przykładamy do jego urozmaicania, tym lepiej funkcjonuje nasz organizm. Jakość pożywienia ma zatem bezpośredni wpływ na cielesne – a przez to również duchowe – samopoczucie.

Niezwykle istotną sprawą jest, aby wraz z pożywieniem pobierać dostateczną ilość energii, której nasz organizm potrzebuje do procesów przemiany materii. Nośnikami energii dostarczanej wraz z pożywieniem są węglowodany, białka i tłuszcze. Witaminy, składniki mineralne oraz pierwiastki śladowe stanowią wprawdzie bardzo ważny element zdrowego odżywiania, jednakże mają one dla naszego organizmu działanie przede wszystkim regulujące i nie są nośnikami energii sensu stricto, to znaczy nie zawierają kalorii.

Bogaty zestaw węglowodanów znajdziemy przede wszystkim w pieczywie z pełnego ziarna, ryżu, ziemniakach i warzywach. Na drugim miejscu plasuje się drób, ryby, mięso, mleko i produkty (przetwory) mleczne, które zaopatrują nasz organizm w cenne białko. Tłuszcz, który organizm ludzki ma do swojej dyspozycji – również w „chudszych" czasach – w ilości około dziesięciu procent, powinien jak najrzadziej gościć w naszym menu, i to naprawdę w nieznacznych ilościach.

Jak korzystać z tej książki

Drodzy Czytelnicy, nasza tabela kalorii zawiera alfabetyczny spis szeregu artykułów żywnościowych. Dane dotyczące kalorii staraliśmy się „ubrać" w tradycyjne wielkości porcji, liczbę sztuk, miary i wagi, na przykład 150 g jogurtu, 1 jabłko lub 1 łyżka stołowa / 1 łyżeczka do herbaty masła. Dzięki temu będziecie mogli zaoszczędzić swój cenny czas i zamiast zagłębiać się w obliczeniach, jednym rzutem oka oszacujecie, ile kalorii / kilojuli dostarcza konkretne pożywienie. W przypadku artykułów żywnościowych, dla których nie istnieją zwyczajowe wielkości porcji, podano wartość odżywczą zawartą w 100 gramach.

Pożywienie jest energią

Ludzie, podobnie jak zwierzęta, aby móc żyć, muszą jeść, ponieważ ich skomplikowany organizm nieustannie domaga się „karmy" pozwalającej mu utrzymywać rozmaite funkcje życiowe. Tylko wówczas, gdy zaopatrujemy nasze ciało w harmonijny zestaw środków żywności, może ono bez zakłóceń spełniać swoje skomplikowane zadania. Każda komórka ludzkiego organizmu odnawia się w regularnych odstępach czasu, tak więc, jeśli przez dłuższy okres będziemy zaniedbywać nasze odżywianie, w oczywisty sposób powstaną niedobory, które mogą się objawiać najrozmaitszymi chorobami. Wniosek: Bez zaopatrywania w niezbędne do życia składniki organizm nie jest w stanie na dłuższą metę normalnie funkcjonować.

Ten mały poradnik zdrowego odżywiania zawiera podstawowe informacje dotyczące funkcji węglowodanów, białek, tłuszczów, witamin, składników mineralnych oraz elementów śladowych w odżywianiu i wyjaśnia ich znaczenie dla naszego organizmu.

Czego człowiek potrzebuje do życia

Organizm ludzki składa się w około 60 procentach z wody, w 20 procentach z tłuszczu, pozostałe 20 procent to „mieszanka" rozmaitych składników.

Niektóre z nich organizm człowieka potrafi sam wyprodukować, inne muszą być dostarczane wraz z pożywieniem, i z tego względu nazywa się je samoistnymi.

Pewna grupa substancji odżywczych dostarcza energii niezbędnej do prawidłowego funkcjonowania wszystkich organów ciała. Ta – tak niezwykle ważna dla naszego życia – energia zostaje uwolniona w organizmie wskutek spalania tychże właśnie substancji odżywczych – są to węglowodany, tłuszcze i białka. Pamiętajmy jednak, że dla naszego ustroju nie jest obojętny rodzaj pożywienia, które pokrywa jego zapotrzebowanie kaloryczne. Poza wartością kaloryczną pokarmów ważna jest także ich wartość odżywcza. Dopiero te dwa aspekty łącznie pozwalają nam prawidłowo ocenić wartość każdego produktu spożywczego. Organizm wymaga od pożywienia nie tylko pokrycia jego zapotrzebowania energetycznego, lecz również obecności pewnej minimalnej choćby ilości określonych substancji potrzebnych mu do budowy nowych i odbudowy zużytych tkanek oraz do regulowania różnych procesów życiowych. Składniki pożywienia, ze względu na rolę, jaką pełnią w organizmie, dzielimy na: budulcowe – białka i niektóre sole mineralne; regulujące – witaminy i sole mineralne oraz składniki energetyczne – tłuszcze, węglowodany, a częściowo i białka.

Powróćmy jednak do naszego zasadniczego tematu. Zawarta w tłuszczach, węglowodanach i białkach energia jest mierzona w kilokaloriach i kilojulach. Witaminy, składniki mineralne oraz pierwiastki śladowe nie są nośnikami energii, to znaczy nie zawierają kalorii.

Tak więc, zawartość kalorii w środkach żywności zależy od zawartości w nich węglowodanów, tłuszczów lub białka. Ideałem jest pożywienie składające się z 12 do 15 procent białka, 25 do 30 procent tłuszczu i 55 do 60 procent węglowodanów.

Dzienne zapotrzebowanie na energię

Ilość artykułów żywnościowych, jaką człowiek powinien spożywać, ustala się zależnie od liczby zawartych w pożywieniu kalorii oraz od wielkości zapotrzebowania danego człowieka. Zapotrzebowanie to jest sprawą na wskroś indywidualną i wynika z potrzeb podstawowej przemiany materii, charakteru pracy zawodowej, codziennych czynności wykonywanych poza pracą zawodową, wieku, budowy ciała, trawienia, czyli tak zwanego swoistego dynamicznego działania pokarmu, utraty ciepła oraz od wzrostu (dzieci). Przyjmuje się, iż nasz organizm spala średnio 1600 kcal w ciągu dnia, co pozwala mu na normalne funkcjonowanie.

ZAPOTRZEBOWANIE NA ENERGIĘ

Zapotrzebowanie na energię kcal / kJ		kobiety	mężczyźni
Niemowlęta do 4 miesiąca	ca	550 / 2300	
Niemowlęta do 12 miesiąca	ca	800 / 3350	
Dzieci do 4 roku	ca	1300 / 5440	
Dzieci do 7 roku	ca	1800 / 7530	
Dzieci do 10 roku	ca	2000 / 8370	
Dzieci do 13 roku	ca	2150 / 9000	2250 / 9410
Dzieci do 15 roku	ca	2300 / 9620	2500 / 10 460
Młodzież do 19 roku	ca	2400 / 10 000	3000 / 12 550
Dorośli do 25 roku	ca	2200 / 9200	2600 / 10 880
Dorośli do 50 roku	ca	2000 / 8370	2400 / 10 040
Dorośli do 65 roku	ca	1800 / 7530	2200 / 9200

ZAPOTRZEBOWANIE NA ENERGIĘ			
Dorośli powyżej 65 roku	ca	1700 / 7110	1900 / 7950
Kobiety w ciąży	ca	plus 300 / 1260	
Kobiety karmiące	ca	plus 650 / 2720	

Nadwyżka energii – bez względu na to, czy jej źródłem będzie nadmiar tłuszczów, węglowodanów lub białka, zostaje zmagazynowana w komórkach organizmu w postaci warstwy energetycznego „tłuszczyku". Stąd wniosek, że permanentne zaopatrywanie organizmu w nadmiar kalorii prowadzi nieuchronnie do nadwagi. Dlatego wybierajcie niskokaloryczne środki żywności, które w zamian za to zawierają duże ilości wody, witamin, składników mineralnych oraz ciał balastowych. Dzięki temu nie zagrozi Wam nadmiar energii... i nadwaga.

Alkohol – dużo kalorii i nic poza tym

Alkohol jest artykułem spożywczym – lub raczej używką – bardzo kalorycznym, nie zawierającym wszakże żadnych ważnych dla naszego organizmu substancji odżywczych. Z tego względu – i również kilku innych – należałoby ograniczyć jego konsumpcję do minimum, a w przypadku nadwagi całkowicie z niego zrezygnować.

Węglowodany

Węglowodan węglowodanowi nierówny. Do tej grupy zaliczamy szereg bardzo ważnych dla życia człowieka związków organicznych, jak na przykład cukier, skrobię, błonnik i inne substancje pochodzenia roślinnego. Grupa tych związków otrzymała nazwę węglowodanów, dlatego że wodór i tlen wchodzą w ich skład w takim samym stosunku wzajemnym (2 do 1) jak w wodzie. Z węglowodanów powstają w wyniku dalszych przemian różne substancje organiczne, a po przyłączeniu azotu również białka. Wszystkie węglowodany (cukrowce) – w zależności od ich składu chemicznego – można podzielić na trzy duże grupy: 1. Jednocukry, czyli monosacharydy. 2. Dwucukry, czyli bisacharydy. 3. Wielocukry, czyli polisacharydy.

Niektóre narządy, na przykład mózg, do swojej działalności potrzebują wyłącznie węglowodanów. Z tego względu nasz organizm potrafi sam wyprodukować węglowodany – również z tłuszczów i białka, w przypadku, gdy w następstwie określonej diety lub z innych przyczyn dostawa węglowodanów z zewnątrz uległa znacznej redukcji.

Jakkolwiek nasz organizm jest w stanie, w razie konieczności, sam wyprodukować węglowodany – główne źródło energii – powinny być one regularnie dostarczane wraz z pożywieniem, z uwagi na to, iż zawierają dodatkowo ważne witaminy oraz pierwiastki śladowe, których nasz organizm nie potrafi sam wyprodukować, a które są niezbędne dla przemiany materii. Dotyczy to wszakże jedynie węglowodanów złożonych. Cukry proste są bowiem „pustymi" nośnikami energii, które nie zawierają żadnych – lub tylko bardzo niewiele – ważnych dla organizmu ludzkiego substancji odżywczych.

PODZIAŁ WĘGLOWODANÓW	
Monosacharydy	cukry proste = cukier gronowy (glukoza), cukier owocowy (fruktoza)
Oligosacharydy (laktoza)	dwucukry / cukry złożone = cukier słodowy (maltoza), cukier mlekowy, cukier trzcinowy (sacharoza), cukier buraczany
Polisacharydy	cukry bardzo złożone = skrobia roślinna, glikogen, pektyna itd.

Mono- i oligosacharydy

Monosacharydy, czyli jednocukry, oraz oligosacharydy – zbudowane z dwu do ośmiu cząsteczek monosacharydów – są zazwyczaj rozpuszczalne w wodzie i mają mniej lub bardziej słodki smak. Wspomniane cukry powinny odgrywać w naszym pożywieniu raczej podrzędną rolę, ponieważ, jakkolwiek są w stanie bardzo szybko dostarczyć organizmowi odpowiednią dawkę energii, równie szybko jednak energia ta znika bez śladu. Poza tym, mono- i oligosacharydy nie należą do grupy szczególnie wartościowych substancji organicznych: charakteryzuje je znikoma ilość witamin, składników mineralnych, pierwiastków śladowych oraz ciał balastowych.

Polisacharydy

Wielocukry, czyli polisacharydy, są to węglowodany bardzo złożone. Tworzą się przez połączenie kilku cząsteczek jednocukrów z wydzieleniem wody. W odróżnieniu od cukrów prostych nie mają słodkiego smaku, nie rozpuszczają się w wodzie i nie są substancjami krystalicznymi. Polisacharydy zaopatrują nasz organizm w energię o znacznie lepszej jakości niż ta, którą oferują monosacharydy. Dzieje się tak dlatego, iż nasz układ trawienny potrzebuje stosunkowo długiego czasu do rozłożenia – za pomocą enzymów trawiennych – złożonych węglowodanów na cukier gronowy (glukozę), cukier owocowy (fruktozę) lub cukier mlekowy, które przez jelita docierają do krwi, a za jej pośrednictwem do wszystkich komórek organizmu, gdzie są wykorzystywane do pozyskiwania energii albo magazynowane w formie glikogenu. Ze wszystkich węglowodanów najczęściej w krwi ludzkiej występuje cukier gronowy – glukoza. Jeśli jesteście ciekawi, ile glukozy znajduje się w Waszej krwi, zbadajcie swój poziom cukru (we krwi).

Zachowajcie szczególną ostrożność w obchodzeniu się z artykułami żywnościowymi zawierającymi znaczne ilości cukru; nie szafujcie cukrem rafinowanym, miodem i produktami z białej mąki: pieczywem tostowym, bagietkami, bułeczkami maślanymi itp. Wszystkie te produkty zawierają wprawdzie wiele cennych węglowodanów – a także kalorii, jednakże nieporównywalnie mniej innych substancji odżywczych, jak witaminy, składniki mineralne i elementy śladowe.

Bogate w węglowodany – równocześnie jednak w tłuszcze – są rozmaite nasiona, ziarna i orzechy. Nie powinno ich wprawdzie zabraknąć w polecanej na łamach niniejszej książki racjonalnej diecie, wszelako z powodu bardzo wysokiej zawartości tłuszczu produkty te należy spożywać z dużym umiarem, zwłaszcza że ukryty tłuszcz znaleźć można również w wielu innych środkach spożywczych – w serze, produktach mlecznych i wędlinach.

Polisacharydy znajdują się zwłaszcza we włóknach roślin, gdzie występują w wielkiej liczbie. Z tego względu, najlepszymi dostawcami węglowodanów są owoce i warzywa, sałatki i surówki, ziemniaki oraz produkty z pełnego ziarna.

WĘGLOWODANY I CIAŁA BALASTOWE JEDZCIE BEZ OBAW		
Nazwa artykułu żywnościowego	Węglowodany ca 100 g	Ciała balastowe ca 100 g
Zboża / produkty zbożowe		
Chleb pszenny, pełnoziarnisty	41	7,5
Chleb żytni	48	5,5
Chleb żytni, mieszany	45	6
Chleb żytni, razowy	41	7,5
Gryka, ziarno	71	3, 5
Grysik pszenny, kasza manna	69	7

WĘGLOWODANY I CIAŁA BALASTOWE JEDZCIE BEZ OBAW		
Jęczmień, ziarno	63	10
Kasza gryczana	73	3
Kasza jęczmienna	66	10,5
Kasza owsiana	70	3,5
Kaszka kukurydziana	74	*
Krupy jęczmienne, pęcak	71	4,5
Kukurydza, popcorn	68	10
Kukurydza, ziarno	65	9
Makarony		
Makaron jajeczny	70	3,5
Makaron z mąki pełnoziarnistej	64	8
Mąka gryczana, razówka	71	3,5
Mąka kukurydziana	76	9
Mąka pszenna, razowa, śruta pszenna	41	7,5
Mąka pszenna, typ 1050	67	5
Mąka ryżowa	79	*
Mąka z młodych ziaren orkiszu, razówka	77	*
Mąka z orkiszu, razówka	77	*
Mąka żytnia, razówka, śrut żytni	45	6
Mąka żytnia, typ 1150	68	8
Mąka żytnia, typ 1700	60	13
Mąka żytnia, typ 1800	59	14

WĘGLOWODANY I CIAŁA BALASTOWE JEDZCIE BEZ OBAW		
Orkisz, młode ziarno	63	9
Orkisz, ziarno	63	9
Otręby pszenne	18	48
Owies, ziarno	60	5,5
Płatki owsiane, pełne ziarno	58	9,5
Płatki żytnie	61	10
Pszenica, ziarno	61	10,5
Proso, ziarno	69	4
Pumpernikiel	41	10
Ryż łuskany	78	1,5
Ryż naturalny	73	3
Ryż polerowany	78	1,5
Spaghetti (pszenne)	75	*
Żyto, ziarno	61	13
Müsli		
Müsli śniadaniowe, niesłodzone	66	6
Warzywa strączkowe		
Bób, fasola „jasiek"	49	22
Fasolka biała	48	17
Groch włoski (cieciorka)	48,5	10,5
Groch żółty, łuskany	56,5	16,5
Soczewica	52	10,5
* brak danych		

Ciała balastowe – wszystko, tylko nie balast

Przypuszczenie, iż ciała balastowe stanowią dla organizmu jedynie zbędny balast, jest na wskroś błędne, ponieważ w rzeczywistości substancje te są obowiązkową częścią składową pożywienia, która utrzymuje w dobrej formie nasz układ trawienny, równocześnie zaś zapobiega jego schorzeniom.

Ciała balastowe to węglowodany (celuloza, pektyna, kutyna), których organizm ludzki nie jest w stanie wykorzystać. Największe znaczenie dla naszego odżywiania ma celuloza (błonnik), stanowiąca główną część składową błon komórek roślinnych. Wprawdzie nie może być ona spożytkowana przez nasz układ trawienny, jednakże pobudza ruch robaczkowy jelit i ma korzystny wpływ na uregulowanie trawienia.

Dzieje się tak dlatego, iż włókna roślin wiążą wodę i pęcznieją w jelitach. W ten sposób objętość masy pokarmowej znajdującej się w jelitach zwiększa się, „masując" je i pobudzając ich perystaltykę, wskutek czego masa pokarmowa zostaje szybko wydalona na zewnątrz. Dzięki temu do krwiobiegu dostaje się mniej substancji trujących.

Ciała balastowe znajdują się w górnych warstwach ziaren zbóż oraz w łupinach warzyw i owoców. Z tego względu powinno się jeść przede wszystkim warzywa i owoce ze skórką – porzućcie zwyczaj obierania jabłek! – i jak najczęściej sięgać po pełnoziarniste pieczywo. Znakomitym pomysłem na małe przekąski między posiłkami jest müsli z dodatkiem ziaren zbóż. Również ryż naturalny oraz inne produkty z pełnego ziarna, zawierające znaczne ilości ciał balastowych, wpływają pozytywnie na nasz układ trawienny. Korzyść: trujące substancje i niestrawione resztki pokarmowe są szybciej wydalane z organizmu, mięśnie jelit zaś zachowują elastyczność. Ścianki jelit są konfrontowane z mniejszą ilością szkodliwych substancji, czego rezultatem jest miękki i bezbolesny stolec. Poza tym pożywienie bogate w ciała balastowe daje lepszy efekt sytości aniżeli takie, w którym jest ich niewiele, a to z pewnością wyjdzie na dobre Waszej figurze.

Białka

Białka to substancje organiczne o skomplikowanej budowie. Stanowią one zasadniczy materiał, z którego jest zbudowana protoplazma i części składowe wszystkich komórek żywego ustroju. W odróżnieniu od węglowodanów i tłuszczów, białka zawsze zawierają azot i dlatego nazywane są związkami azotowymi. Poza azotem w skład białek wchodzą: węgiel, wodór, tlen oraz siarka, a niekiedy fosfor.

Budowa białek jest bardzo złożona. Podstawowy element stanowią aminokwasy, które łącząc się w specjalny sposób, tworzą cząsteczkę białka. Podczas rozpadu białek powstają produkty pośrednie składające się z kilku aminokwasów (peptyny, albumozy, peptydy). Ostatecznym produktem tego procesu są zawsze pojedyncze aminokwasy.

Aminokwasy dzielą się na samoistne – takie, których ustrój sam nie jest w stanie wytworzyć, ponieważ jednak są niezbędne dla życia, muszą być dostarczane wraz z pokarmem – oraz niesamoistne, które organizm sam produkuje.

Aminokwasy

Aminokwasy tworzą zasadniczy materiał budulcowy tkanki ciała; stanowią one swego rodzaju rusztowanie kwasu dezoksyrybonukleinowego, składnika jąder komórkowych biorącego udział w procesach podziału komórki i przenoszenia cech dziedzicznych (DNA). Aminokwasy są ponadto potrzebne do produkcji niektórych hormonów, jak również tworzenia neuroprzekaźników, substancji chemicznych mających istotne znaczenie dla prawidłowego funkcjonowania naszego układu nerwowego. Również enzymy, substancje białkowe niezbędne dla wszystkich procesów przemiany materii w organizmie, są wytwarzane przez nasz ustrój z aminokwasów.

AMINOKWASY	
Aminokwasy samoistne	Aminokwasy niesamoistne
Histidina (dla niemowląt)	Alanina
Izoleucyna	Arginina
Leucyna	Asparagin
Lyzina	Kwas glutaminowy
Metionina	Prolina
Penylalanina	Serina
Treonina	Tauryna
Tryptofan	Tyrozina
Walina	Cystyna

Aminokwasy samoistne zawarte są przede wszystkim w białku zwierzęcym. Aminokwasy, których źródłem jest białko zwierzęce, są lepiej przyswajane przez nasz organizm aniżeli aminokwasy pochodzenia roślinnego. Z tego względu, białko zwierzęce jest dla człowieka biologicznie bardziej wartościowe. Jednakże, białko roślinne może być z dobrym skutkiem rewaloryzowane przez białko zwierzęce.

Idealną kombinacją jest połączenie obu białek – pochodzenia roślinnego i zwierzęcego; do najbardziej wartościowych kombinacji białek należą potrawy, których zasadniczy element stanowią ziemniaki i jajka. Biologiczna wartość białka jest mierzona ilością białka ustrojowego, które może być wyprodukowane ze 100 g białka zawartego w pożywieniu.

BIOLOGICZNA WARTOŚĆ BIAŁKA ZAWARTEGO W POŻYWIENIU	
Białko pochodzenia roślinnego	Wartość biologiczna
Fasola	73
Jajko kurze	100
Mąka pszenna	57
Mleko	90
Ryż	82
Soja	85
Wołowina	92
Ziemniaki	99

Optymalna kombinacja białka roślinnego i zwierzęcego

Szczególnie wysokowartościowych kombinacji dostarczają potrawy, w skład których wchodzą ziemniaki, jaja kurze, mleko lub produkty mleczne, mięso lub ryba. Z tego względu powinniście częściej umieszczać w Waszym menu ziemniaki w mundurkach z dodatkiem twarogu lub sera, ziemniaki purée, krokiety ziemniaczane, suflet z ziemniaków lub smażone / pieczone ziemniaki z jajkiem sadzonym, jak również ziemniaki z wody lub ziemniaki pieczone jako dodatek do ryby lub mięsa. **Uwaga**: We wszystkich smażonych lub pieczonych wersjach postarajcie się ograniczyć do minimum ilość tłuszczu.

Godne polecenia są również kombinacje produktów zbożowych z mięsem, mlekiem lub produktami mlecznymi, jajami kurzymi i owocami strączkowymi. Kromka razowego chleba z plasterkiem chudej szynki lub jajkiem na miękko, müsli z mlekiem lub jogurtem na śniadanie stanowią idealną inaugurację dnia.

Na główny posiłek doskonale nadaje się suflet z ziemniaków lub makaronu, naleśniki, polenta z serem lub makaron z sosem śmietanowym i ziołami.

Smacznych posiłków złożonych z białek o wysokiej biologicznej wartości dostarczają kombinacje owoców strączkowych z jajami kurzymi, produktami zbożowymi, mlekiem lub produktami mlecznymi, jak na przykład tortilla z chili, gęsta, zawiesista zupa z soczewicy z bagietką, kasza jaglana lub cieciorka (groch włoski) zawijana w pieczywo (falafel).

Ile białka potrzebuje człowiek?

Aby zapobiegać niedoborom białka oraz – w ich następstwie – wyniszczeniu substancji organicznej, żywieniowcy zalecają dzienną dawkę wynoszącą minimum 30 g czystego białka; dla dorosłych idealną wartość stanowi 0,9 g białka na 1 kilogram wagi ciała. Niemowlęta, dzieci, młodzież oraz osoby w starszym wieku potrzebują nieco większej ilości białka, aniżeli przewiduje norma.

ZAPOTRZEBOWANIE NA BIAŁKO	
(Ilość zalecana przez dietetyków)	
	Zapotrzebowanie na białko (g / kg wagi ciała)
Niemowlęta do 6 miesięcy	2,5
Niemowlęta i dzieci do 3 roku życia	2,2
Dzieci	2,0
Dzieci do 9 roku życia	1,8
Dzieci do 14 roku życia	1,5
Młodzież do 18 roku życia	1,2
Dorośli	0,9

Energetyczny produkt odżywczy, jakim jest białko, dla organizmu ludzkiego stanowi zasadniczy czynnik niezbędny do wykonywania funkcji życiowych. Ludzie uprawiający sport lub pracujący fizycznie mają nie tylko większe zapotrzebowanie na kalorie, czyli energię, ale także na pełnowartościowe białko. Niedobory w tym względzie miewają opłakane skutki, prowadząc między innymi do wyniszczenia tkanki mięśniowej. Jednakże również nadwyżka białka może negatywnie oddziaływać na nasz organizm. Podczas białkowej przemiany materii w organizmie gromadzą się znaczne ilości trującego mocznika, który ustrój stara się usuwać na zewnątrz w postaci moczu. Nadmierne spożycie produktów bogatych w białka prowadzi do obciążenia organizmu właśnie przez ów szkodliwy produkt rozpadu białka, którego organizm nie potrafi dalej zużytkować. W tym miejscu należy jednak dodać, że dla zdrowego człowieka nie stanowi to większego zdrowotnego problemu, natomiast ludzie cierpiący na rozmaite schorzenia nerek powinni zwrócić szczególną uwagę na ilość spożywanego przez siebie białka i najlepiej drastycznie ją ograniczyć.

Nieprzetworzone w procesie przemiany materii białko zostaje zmagazynowane w komórkach ciała w postaci tłuszczu. Stąd wniosek, że tyjemy również wówczas, gdy spożywamy zbyt wiele produktów białkowych. A tak, na marginesie: zawartość białka w produktach żywnościowych wzrasta wraz ze zmniejszającą się zawartością tłuszczu.

PRODUKTY ŻYWNOŚCIOWE ZAWIERAJĄCE DUŻE ILOŚCI BIAŁKA

Nazwa artykułu żywnościowego	Zawartość białka / 100 g
Mleko / produkty mleczne	
Budyń	10
Ementaler, 45% tłuszczu	28,7
Feta, 40% tłuszczu	18,4
Gouda, 45% tłuszczu	25,5
Limburger (ser), 20% tłuszczu	26,4
Maślanka	3,5
Mleko kozie	3,7
Mleko krowie, homogenizowane, 1,5% tłuszczu	3,4
Mleko krowie, homogenizowane, 3,5% tłuszczu	3,3
Mleko krowie, homogenizowane, odtłuszczone	3,5
Mleko owcze	5,3
Parmezan, 35% tłuszczu	35,6
Ser edamski, 30% tłuszczu	26,4
Ser żółty, 30% tłuszczu	28,7
Surowe mleko, 3,8% tłuszczu	3,3
Twaróg z chudego mleka	13,5
Zsiadłe mleko, jogurt odtłuszczony	3,5
Zsiadłe mleko, jogurt naturalny, 1,5% tłuszczu	3,4
Zsiadłe mleko, jogurt naturalny, 3,5% tłuszczu	3,3
Tilsiter (ser), 30% tłuszczu	28,7

PRODUKTY ŻYWNOŚCIOWE ZAWIERAJĄCE DUŻE ILOŚCI BIAŁKA

Nazwa artykułu żywnościowego	Zawartość białka / 100 g
Jaja	
Jajko kurze	12,9
Ryby / owoce morza	
Filety ze śledzia	18
Karp	18
Kawior	26,1
Krewetki	18,6
Łosoś	19,9
Łosoś morski	18,3
Łosoś morski wędzony	22,8
Makrela	18,8
Makrela wędzona	20,7
Mięso z kraba, w puszce	18,0
Okoń czerwony, jazgarz	18,2
Okoń czerwony, wędzony	23,8
Okoń, szczupak	18,4
Pikling, konserwa rybna	21,2
Pstrąg	19,5
Sandacz	19,2
Sardynka	19,4
Sztokfisz dorsz	79,2

PRODUKTY ŻYWNOŚCIOWE ZAWIERAJĄCE DUŻE ILOŚCI BIAŁKA

Nazwa artykułu żywnościowego	Zawartość białka / 100 g
Wątłusz srebrzysty (łupacz) wędzony	22,1
Węgorz morski wędzony	26,1
Mięso / Drób	
Cielęcina chuda	21,9
Filet z piersi kurczaka	24
Gicz cielęca	20,9
Jagnięcina chuda	20,4
Kotlet cielęcy	21,1
Pierś z indyka	24,1
Polędwica cielęca	20,6
Polędwica jagnięca	20,4
Polędwica wieprzowa	21,5
Polędwica wołowa	21,2
Sznycel cielęcy	20,7
Sznycel wieprzowy	21,6
Tatar	21,2
Udko z kurczaka	20,6
Udo z indyka	20,5
Udziec cielęcy	20,7
Wątroba wołowa	20,3
Wieprzowina chuda	21,1

PRODUKTY ŻYWNOŚCIOWE ZAWIERAJĄCE DUŻE ILOŚCI BIAŁKA

Nazwa artykułu żywnościowego	Zawartość białka / 100 g
Mięso / Drób	
Wołowina chuda	21,3
Dziczyzna	
Łopatka sarnia	22,4
Mięso z jelenia	20,6
Mięso z zająca	21,6
Udziec sarni	21,4
Wędliny	
Kiełbasa drobiowa, chuda	16,2
Szynka bez tłuszczu	29,7
Zboża	
Kasza jęczmienna	10,4
Mąka gryczana, razówka	10
Mąka pszenna, razówka	11,7
Mąka z orkiszu, razówka	10,4
Mąka żytnia, razówka	10,8
Orkisz, ziarno	11,6
Płatki żytnie	12
Proso	10,6
Pszenica, ziarno	11,4
Ziarno gryki	10

PRODUKTY ŻYWNOŚCIOWE ZAWIERAJĄCE DUŻE ILOŚCI BIAŁKA	
Nazwa artykułu żywnościowego	Zawartość białka / 100 g
Warzywa strączkowe	
Bób	23,9
Fasola biała	22
Groch włoski (cieciorka)	20
Groch żółty	23
Soczewica	23,5

W tabeli nie zostały wyszczególnione artykuły żywnościowe, które odznaczają się wprawdzie wysoką zawartością białka, równocześnie jednak zawierają znaczne ilości tłuszczu i dlatego powinny być spożywane w możliwie małych ilościach.

Tłuszcze – dawkować z rozwagą!

W skład tkanek ludzkich, zwierzęcych i roślinnych wchodzą, razem z białkami i węglowodanami, tłuszcze, zwane lipidami. Tłuszcze – skoncentrowane źródło energii – występują w organizmie pod postacią tłuszczu protoplazmatycznego, wchodzącego w skład budowy komórek, lub w postaci tłuszczu zapasowego, odkładającego się w tkance tłuszczowej. Fizjologiczna rola obu tych rodzajów tłuszczu nie jest jednakowa. Tłuszcz protoplazmatyczny znajduje się w komórkach i tkankach w ilościach stałych, które nie ulegają zmianie nawet w procesach chorobowych. W czasie głodu następuje zmniejszenie ilości wyłącznie tłuszczu zapasowego.

Tłuszcze odgrywają ważną rolę w odżywianiu, ponieważ przy utlenianiu się wyzwalają w organizmie dużą ilość energii. Są one dobrym rozpuszczalnikiem dla szeregu biologicznie czynnych substancji, na przykład witamin. Zawierają poza tym niektóre nienasycone kwasy tłuszczowe, na przykład kwas linolowy, względnie linolenowy – znaczne ich ilości zawarte są w olejach jadalnych, zwłaszcza słonecznikowym i lnianym – nieodzowne do normalnych funkcji organizmu, między innymi budowy komórek, krzepliwości krwi i produkcji hormonów tkankowych. Tkanka tłuszczowa odkładająca się pod skórą spełnia również rolę czysto mechaniczną. Tworząc miękką warstwę izolacyjną, chroni ona organy wewnętrzne przed urazami i oziębieniem. Tłuszcze dzielą się na proste i złożone. Tłuszcze proste są to najprostsze połączenia gliceryny z prostymi kwasami tłuszczowymi, takimi jak kwas palmitynowy, stearynowy i oleinowy. Spełniają one rolę paliwa lub wydzieliny ochronnej skóry. Tłuszcze złożone, oprócz wymienionych wyżej substancji, zawierają składniki dodatkowe, na przykład kwas fosforowy, a ponadto fosfatydy i cerebrozydy stanowiące materiał budulcowy komórek. Pomimo iż nie mówi się o właściwym zapotrzebowaniu na tłuszcz sensu stricto, który nawet w przypadku całkowicie beztłuszczowej diety może zostać wyprodukowany przez organizm z węglowodanów i białka, stosowne badania wykazały, że istnieje zapotrzebowanie na kwasy tłuszczowe.

Natomiast nadmiar spożywanego tłuszczu, zwłaszcza jeśli nie jest on spalany podczas pracy fizycznej wymagającej pożywienia bogatszego w białka i tłuszcze, prowadzi do odkładania się tłuszczu w naczyniach krwionośnych, co bywa często początkiem problemów zdrowotnych.

Płynny czy stały?

Istnieje cały szereg rozmaitych tłuszczów o różnej konsystencji. O tym, czy dany tłuszcz jest płynny czy stały, decydują łańcuchy kwasu tłuszczowego. Wszystkie tłuszcze mają taką samą chemiczną strukturę podstawową, w której trzy łańcuchy kwasu tłuszczowego są połączone z jedną cząsteczką gliceryny. Tłuszcze stałe w przeważającej części zawierają długołańcuchowe, nasycone kwasy tłuszczowe, natomiast tłuszcze płynne, czyli oleje, składają się zasadniczo z krótkich łańcuchów nienasyconych kwasów tłuszczowych.

Zapotrzebowanie na kwas linolowy należący do grupy nienasyconych kwasów tłuszczowych wynosi około czterech gramów na dzień. Ponieważ kwas linolowy zawarty jest w bardzo wielu produktach żywnościowych, dzienne zapotrzebowanie nań można z łatwością pokryć. O niedoborach mówimy raczej w przypadku kwasu linolenowego, ponieważ jest on obecny wyłącznie w rybach i niektórych olejach roślinnych, na przykład sojowym lub lnianym. Zapotrzebowanie na ten nienasycony kwas tłuszczowy wynosi około jednego grama na dzień. Nieobecność w naszym menu wspomnianych produktów żywnościowych powoduje, iż nie jesteśmy w stanie pokryć nawet tak nieznacznej ilości.

Czy tyjemy od tłuszczu?

Ze swoimi 9,3 kilokaloriami na gram jest tłuszcz skoncentrowanym źródłem – i najważniejszym nośnikiem – energii dostarczanej za pośrednictwem pożywienia. Wnioski nasuwają się same: Zjadając znaczne ilości tłuszczu, sami robimy się „tłuści". Z drugiej strony jednak, tego rodzaju wnioski można z łatwością obalić, posługując się licznymi przykładami narodów, którym tradycje kulinarne dyktują bogate w tłuszcze menu, a pomimo to przedstawiciele owych narodów nie cierpią na nadwagę. Jednym z bardziej prawdopodobnych wyjaśnień tego zjawiska jest to, że tłuste pożywienie bardzo długo zalega w przewodzie pokarmowym i dlatego uczucie głodu pojawia się dopiero po dłuższym czasie od jego spożycia. Z tego względu, pożywienie bogate w tłuszcze jest optymalnym wyjściem dla ludzi wykonujących ciężką pracę fizyczną. Nie należy zapominać jednak, że to właśnie tłuszcz – nie zaś węglowodany i białka – bywa najczęstszym sprawcą naszej nadwagi, ponieważ z większą łatwością zostaje przetworzony w czasie przemiany materii i znacznie szybciej odkłada się jako zapas w tkance tłuszczowej aniżeli nadmiar węglowodanów lub białka.

W naszej strefie kulturowej – biorąc pod uwagę styl i warunki życia – najbardziej optymalnym wariantem jest dieta bogata w węglowodany z niewielką ilością tłuszczu, przy równoczesnej umiarkowanej ilości produktów białkowych. Tego rodzaju dieta zaopatruje nasz organizm w niezbędny do jego prawidłowego funkcjonowania koktajl składników odżywczych, bez nadmiernego obciążania go.

Czy nadmiar tłuszczu może być przyczyną choroby?

Wyniki badań naukowych wykazują niezbicie, że istnieje ścisły związek pomiędzy tłustym pożywieniem a zwapnieniem naczyń krwionośnych, co doskonale ilustruje zwiększona zawartość tłuszczu we krwi. Podejrzewa się również, iż niektóre rodzaje raka, na przykład rak piersi i rak prostaty, mogą mieć źródło w nadmiarze spożywanego tłuszczu. Dlatego lepiej będzie, jeśli wyeliminujecie ze swojego jadłospisu tłuste potrawy i zastąpicie je bardziej „bezpiecznymi". Wbrew pozorom, również one dostarczą Waszemu organizmowi dostateczną ilość tłuszczu!

JAKIE ŚRODKI SPOŻYWCZE ZAWIERAJĄ TŁUSZCZ?

W zasadzie każdy środek spożywczy zawiera tłuszcz – nawet owoce i warzywa, jakkolwiek w minimalnych ilościach. Mięso, wędliny, ryby, mleko, produkty mleczne i białka są źródłem tłuszczów zwierzęcych. Natomiast tłuszcze roślinne występują w oliwkach, awokado, orzechach kokosowych, ziarnach zbóż, orzechach, nasionach, kiełkach, olejach roślinnych i margarynie.

Jakich produktów żywnościowych należy unikać?

Tabela artykułów żywnościowych zawierających znaczne ilości tłuszczu nie będzie nam tutaj potrzebna. Wystarczy bowiem zredukować do minimum tłuszcz i zastąpić tłuste mięso, wędliny, mleko oraz produkty mleczne ich chudszymi odpowiednikami. Jeśli się to uda, wówczas możecie mieć pewność, że Wasz styl odżywiania jest właściwy – zdrowy i racjonalny. W miarę możności starajcie się ograniczyć rozmaite słodkie i tłuste smakołyki, jak ciastka, torty, kremy i lody. Jeśli wystarczy Wam hartu ducha, w ogóle z nich zrezygnujcie. Również masło i smalec należy spożywać z wielkim umiarem.

Orzechy, nasiona oraz owoce oleiste zawierają znaczne ilości tłuszczów roślinnych, a ponieważ nie figurują zazwyczaj w naszym codziennym jadłospisie, ograniczenie dostawy tłuszczu do minimum w normalnym przypadku nie powinno Wam nastręczać większych problemów.

Ważny dla organizmu cholesterol

Tłuszcze pochodzenia zwierzęcego zawierają cholesterol, związek organiczny z grupy steroli, podobną do tłuszczu białą substancję, której odmianę znaleźć można również w tłuszczach roślinnych – jest to naturalny składnik wszystkich komórek oraz cieczy ustrojowych. Organizm ludzki sam wytwarza cholesterol. Ponieważ jednak jest on także dostarczany wraz z pożywieniem, produkcja wewnątrzpochodnego cholesterolu może zostać w znacznym stopniu zahamowana. W zależności od ilości dostarczanego wraz z pożywieniem cholesterolu, nasze jelita wchłaniają 10 do 60 procent owej dostawy. Stamtąd, sprzężony z lipoproteinami, cholesterol dociera do krwiobiegu, a później do komórek ustroju. Cholesterol znajdujący się w pożywieniu trafia za pośrednictwem krwi do wątroby, gdzie produkowany jest cholesterol wewnątrzpochodny. Produkcja ta zwiększa się lub maleje wprost proporcjonalnie do ilości dostarczanego cholesterolu.

Dobry i zły cholesterol

W transporcie cholesterolu we krwi istotną rolę odgrywają dwie lipoproteiny: HDL (*high density lipoproteins*) oraz LDL (*low density lipoproteins*). LDL przepuszcza cholesterol w głąb komórek, natomiast HDL transportuje zmagazynowany cholesterol na zewnątrz komórek. Wysoka zawartość HDL we krwi jest bardzo korzystna, udowodniono bowiem, iż zapobiega ona zwapnieniu naczyń krwionośnych oraz schorzeniom serca, zwłaszcza miażdżycy naczyń wieńcowych oraz zawałowi serca. O tym, czy poziom waszego cholesterolu jest prawidłowy, czy raczej wymaga zastanowienia, możecie sami się przekonać, robiąc stosowne badanie krwi, które uwzględnia poziom całkowitego cholesterolu, jak również udział LDL i HDL we krwi. Jeżeli wynik badania wypadł poniżej sześciu, możecie być dobrej myśli.

Oliwa z oliwek – ochrona dla serca

Badania wykazały, iż zawarty w oliwie z oliwek kwas oleinowy jest w stanie obniżyć poziom LDL we krwi, nie wpływając równocześnie na zmianę poziomu HDL. W ten sposób oliwa z oliwek wpływa pozytywnie na stosunek obu lipoprotein. Ten tak korzystny efekt działania kwasu oleinowego może stanowić wyjaśnienie faktu, dlaczego w krajach południowych, w których prawie wyłącznie używa się do celów kulinarnych oliwy z oliwek, zapadalność na zawał serca utrzymuje się na bardzo niskim poziomie. Godna polecenia jest zwłaszcza oliwa z oliwek tłoczona na zimno.

Siła kryjąca się w witaminach

Tak ważne dla naszego zdrowia witaminy to substancje o różnym składzie chemicznym. Są one niezbędne w bardzo małych ilościach, jako tak zwane czynniki dodatkowe, do prawidłowego funkcjonowania organizmu. Pod względem chemicznym przypominają w pewnej mierze hormony i katalizatory. Witaminy odgrywają zasadniczą rolę w przebiegu wielu procesów fizjologicznych i biologicznych. I tak, na przykład, regulują tłuszczową, białkową i węglowodanową przemianę materii oraz uczestniczą w anabolizmie hormonów, enzymów oraz komórek krwi (krwinek). Chronią przed szkodliwym działaniem wolnych rodników, wspomagają wzrost komórek i dbają o dobrą kondycję naszej skóry, włosów oraz paznokci. Organizm ludzki nie jest w zasadzie zdolny do wytwarzania witamin i z tego względu musi je czerpać w postaci gotowej lub w formie surowców – prowitamin zawartych w pokarmach pochodzenia roślinnego lub zwierzęcego. Brak lub niedobór witamin prowadzi, z jednej strony, do swoistych schorzeń zwanych awitaminozami, z drugiej zaś, wywiera ujemny wpływ na przebieg różnych chorób, zwłaszcza zakaźnych.

Witaminy rozpuszczalne w wodzie i w tłuszczach

Witaminy dzielimy na rozpuszczalne w wodzie i rozpuszczalne w tłuszczach. Do pierwszej grupy należą: witamina C, B1, B2, B6, B12, niacyna, kwas pantotenowy, biotyna oraz kwas foliowy. Witaminy rozpuszczalne w tłuszczach to: A, D, E i K. Te ostatnie organizm może gromadzić w formie zapasu w wątrobie i innych narządach wewnętrznych i dlatego objawy ich braku występują dopiero po dłuższym czasie niedoboru tych witamin w pożywieniu. Natomiast witaminy rozpuszczalne w wodzie nie są magazynowane w organizmie i brak ich w pożywieniu może wywołać dość szybko objawy awitaminozy. **Uwaga**: Aby organizm mógł w ogóle wykorzystać witaminy rozpuszczalne w tłuszczach, pożywienie musi zawierać tłuszcz. I tak, na przykład, przyrządzając surówkę z marchewki bogatej w witaminę A, nie zapomnijcie dodać do niej odrobinę masła, oliwy lub śmietany. Dzięki temu nie tylko wzbogacicie smak surówki, ale również – lub raczej przede wszystkim – dopuścicie tę cenną witaminę „do głosu".

Nie gubić witamin!

Zawartość witamin w żywności zostaje w znacznym stopniu zredukowana wskutek dłuższego jej przechowywania oraz obróbki termicznej, a zwłaszcza podgrzewania w wysokich temperaturach. Z tego względu powinniście jeść jak najwięcej surowizny, a ponadto ograniczyć robienie zapasów. Starajcie się zjadać jak najwięcej świeżych warzyw i owoców.

Najlepiej jest wybierać te warzywa i owoce, na które właśnie jest sezon i które nie muszą pokonywać długiej drogi, aby móc w spokoju dojrzewać, dzięki czemu ujawniają pełnię swoich smakowo-odżywczych walorów. Kupując żywność wyprodukowaną w gospodarstwach ekologicznych (tzw. uprawy biologiczne), mamy również – poza innymi – i tę korzyść, że podczas mycia lub obierania musimy usunąć tylko to, co konieczne, ponieważ w przypadku warzyw i owoców najbardziej wartościowe składniki znajdują się często bezpośrednio pod skórką (łupiną).

Podczas mycia zostają wypłukane rozpuszczalne w wodzie witaminy. Z tego względu powinniście dokładnie, ale w miarę szybko, myć żywność, na przykład sałatę, i w żadnym razie nie zostawiać jej w wodzie. Do rozdrabniania produktów żywnościowych, siekania, krojenia lub tarcia należy przystępować na krótko przed ich spożyciem, aby witaminy „nie rozpłynęły się w powietrzu", innymi słowy – nie zostały zaatakowane i zniszczone przez tlen atmosferyczny.

Dzięki optymalnym metodom obróbki cieplnej, którym poddawana jest żywność, jak gotowanie na parze lub duszenie, zawarte w niej cenne składniki zostają w znacznym stopniu zachowane. Witaminy, które rozpuszczają się w gotującej wodzie, nie przepadną, jeśli wody tej użyjecie, na przykład, do przyrządzenia sosu lub zupy.

Doskonałym źródłem witamin oraz składników mineralnych są świeże zioła, którymi należy posypać potrawy tuż przed ich podaniem na stół. Dodatkowa korzyść: Nie tylko podniebienie, ale również oczy mają swoją ucztę, a spożycie soli maleje!

Produkty żywnościowe bogate w witaminy

Witaminy rozpuszczalne w tłuszczach

WITAMINA A			
Ilość zalecana przez dietetyków: **800 µg (kobiety), 1000 µg (mężczyźni).** **Ważna dla: Siatkówki oka, ochrony przed bakteriami i negatywnymi** **wpływami środowiska zewnętrznego, odnowy komórek skóry.**			
Nazwa artykułu żywnościowego	**Jednostka**	**Dozowanie**	**Ilość**
Sery			
Appenzeller, 50% tłuszczu	1 plasterek	30 g	105 µg
Camembert, 60% tłuszczu	1 porcja	30 g	189 µg
Chester, 50% tłuszczu	1 plasterek	30 g	108 µg
Mascarpone, 80% tłuszczu	1 porcja	50 g	260 µg
Ser pleśniowy, 60% tłuszczu	1 porcja	30 g	129 µg
Ser śmietankowy 60% tłuszczu	1 plasterek	30 g	114 µg
1 µg = 1 mikrogram, jedna milionowa grama			

WITAMINA A			
Nazwa artykułu żywnościowego	Jednostka	Dozowanie	Ilość
Tłuszcze			
Masło	1 porcja	20 g	130 µg
Ryby słodkowodne			
Węgorz świeży	1 porcja	150 g	1470 µg
Konserwy rybne			
Tuńczyk w oleju	1 porcja	50 g	185 µg
Węgorz wędzony	1 porcja	50 g	470 µg
Podroby			
Nerki cielęce	1 porcja	125 g	263 µg
Nerki wołowe	1 porcja	125 g	413 µg
Wątroba cielęca	1 porcja	125 g	27 375 µg
Wątroba wieprzowa	1 porcja	125 g	48 875 µg
Wątroba wołowa	1 porcja	125 g	19 125 µg
Wątróbki kurze	1 porcja	125 g	14 500 µg
Wędliny			
Kiełbasa pasztetowa, delikatesowa	1 porcja	30 g	438 µg
Warzywa			
Botwina	1 porcja	200 g	1176 µg
Cykoria	1 sztuka	150 g	858 µg
Jarmuż	1 porcja	200 g	1722 µg

WITAMINA A

Nazwa artykułu żywnościowego	Jednostka	Dozowanie	Ilość
Koper włoski	1 sztuka	135 g	1057 µg
Marchewka	1 porcja	100 g	1600 µg
Sałata polna	1 porcja	50 g	325 µg
Seler naciowy	1 porcja	100 g	483 µg
Szpinak świeży	1 porcja	200 g	1562 µg
Owoce			
Melon miodowy	1 sztuka	300 g	2349 µg
Morele suszone	1 sztuka	5 g	289,5 µg

WITAMINA D

Ilość zalecana przez dietetyków:
5 µg
Ważna dla: Wchłaniania wapnia i fosforu oraz ich magazynowania w kościach i zębach.

Nazwa artykułu żywnościowego	Jednostka	Dozowanie	Ilość
Ryby morskie			
Halibut	1 porcja	125 g	6,3 µg
Sardynka	1 porcja	125 g	9,4 µg
Śledź	1 sztuka	60 g	18,6 µg
Tuńczyk	1 porcja	150 g	8,1 µg

WITAMINA D			
Nazwa artykułu żywnościowego	**Jednostka**	**Dozowanie**	**Ilość**
Ryby słodkowodne			
Łosoś	1 porcja	150 g	24,5 µg
Węgorz	1 porcja	150 g	19,5 µg
Konserwy rybne			
Łosoś	1 porcja	50 g	5,8 µg
Pikling	1 porcja	125 g	38 µg
Szprotki	1 porcja	50 g	16 µg
Śledzie rolmopsy	1 filet	60 g	7,8 µg
Węgorz	1 porcja	50 g	45 µg
Podroby			
Wątroba wołowa	1 porcja	125 g	2,1 µg
Wątróbki drobiowe	1 porcja	125 g	1,6 µg
Mięso			
Cielęcina (łopatka, pieczeniówka, karkówka)	1 porcja	150 g	5,7 µg
Kotlet cielęcy	1 porcja	150 g	5,7 µg
Udziec cielęcy	1 porcja	150 g	5,7 µg

WITAMINA D

Nazwa artykułu żywnościowego	Jednostka	Dozowanie	Ilość
Grzyby			
Kurki	1 porcja	100 g	2,1 µg
Pieczarki, świeże	1 porcja	150 g	2,9 µg
Smardze, prawdziwki	1 porcja	100 g	3,1 µg

WITAMINA E

**Ilość zalecana przez dietetyków:
12 mg
Ważna dla: Ochrony witamin, tłuszczów, hormonów i enzymów przed wolnymi rodnikami; stabilizacji błony komórkowej.**

Nazwa artykułu żywnościowego	Jednostka	Dozowanie	Ilość
Tłuszcze			
Margaryna roślinna	1 porcja	100 g	14 mg
Olej słonecznikowy	1 łyżka stołowa	15 g	7,5 mg
Olej z kiełków pszenicy	1 łyżka stołowa	12 g	19 mg
Olej z orzechów włoskich	1 łyżka stołowa	12 g	4,6 mg
Ryby morskie			
Makrela	1 porcja	150 g	2,4 mg
Okoń czerwony	1 porcja	150 g	2,0 mg
Zębacz	1 porcja	150 g	3,2 mg

WITAMINA E

Nazwa artykułu żywnościowego	Jednostka	Dozowanie	Ilość
Drób			
Indyk	1 porcja	125 g	2,4 mg
Zboża / produkty zbożowe			
Kiełki żytnie	1 porcja	10 g	1,3 mg
Pieczywo chrupkie	1 kromka	10 g	1,3 mg
Warzywa strączkowe / nasiona			
Pestki słonecznika	1 łyżka stołowa	15 g	3,3 mg
Siemię lniane	1 łyżka stołowa	12 g	6,8 mg
Soja, świeża	1 porcja	100 g	13,3 mg
Orzechy			
Migdały słodkie	1 porcja	100 g	25 mg
Orzechy laskowe	1 porcja	100 g	27 mg
Warzywa			
Dynia	1 porcja	200 g	2,2 mg
Jarmuż	1 porcja	200 g	3,4 mg
Kapusta biała	1 porcja	200 g	3,4 mg
Kapusta czerwona	1 porcja	200 g	3,4 mg
Kapusta włoska	1 porcja	200 g	5 mg
Koper włoski	1 porcja	200 g	12 mg
Por	1 sztuka	100 g	2 mg

WITAMINA E

Nazwa artykułu żywnościowego	Jednostka	Dozowanie	Ilość
Skorzonera	1 porcja	200 g	12 mg
Strąki papryki	1 sztuka	95 g	2,4 mg
Szpinak	1 porcja	200 g	2,8 mg
Owoce			
Awokado	1 sztuka	225 g	3 mg
Brzoskwinia	1 sztuka	115 g	1,2 mg
Czarne jagody	1 porcja	100 g	2,1 mg
Maliny	1 porcja	125 g	1,1 mg
Mango	1 sztuka	190 g	1,9 mg
Porzeczki czarne	1 porcja	100 g	1,9 mg

WITAMINA K

**Ilość zalecana przez dietetyków:
65 µg (kobiety), 80 µg (mężczyźni).
Ważna dla: Krzepliwości krwi; razem z witaminą D
odpowiedzialna za budowę i przebudowę
substancji kostnej.**

Nazwa artykułu żywnościowego	Jednostka	Dozowanie	Ilość
Warzywa			
Brokuły	1 porcja	200 g	410 µg
Groch	1 porcja	200 g	72 µg

WITAMINA K			
Nazwa artykułu żywnościowego	Jednostka	Dozowanie	Ilość
Jarmuż	1 porcja	200 g	1634 µg
Kapusta biała	1 porcja	200 g	290 µg
Kapusta czerwona	1 porcja	200 g	88 µg
Rukiew wodna	1 porcja	50 g	125 µg
Sałata głowiasta	1 sztuka	160 g	195 µg
Szpinak	1 porcja	200 g	800 µg

Witaminy rozpuszczalne w wodzie

WITAMINA B1			
Ilość zalecana przez dietetyków: 1,1 mg (kobiety), 1,3 mg (mężczyźni). Ważna dla: Pozyskiwania energii z katabolizmu węglowodanów, prawidłowego wzrostu, płodności, karmienia piersią.			
Nazwa artykułu żywnościowego	Jednostka	Dozowanie	Ilość
Ryby morskie			
Flądra (płaszczka)	1 porcja	150 g	0,3 mg
Flądra	1 sztuka	375 g	0,8 mg
Ryby słodkowodne			
Łosoś	1 porcja	150 g	0,3 mg
Sandacz	1 porcja	150 g	0,2 mg
Węgorz	1 porcja	150 g	0,3 mg

WITAMINA B1

Nazwa artykułu żywnościowego	Jednostka	Dozowanie	Ilość
Mięso / drób			
Cielęcina	1 porcja	125 g	0,2 mg
Jagnięcina	1 porcja	125 g	0,2 mg
Kaczka	1 porcja	125 g	0,4 mg
Wątróbki kurze	1 porcja	125 g	0,9 mg
Wieprzowina	1 porcja	125 g	1,1 mg
Wołowina	1 porcja	125 g	0,3 mg
Wędliny			
Szynka	1 porcja	125 g	0,6 mg
Zboża / produkty zbożowe			
Kiełki pszenicy	1 łyżka stołowa	15 g	0,3 mg
Kukurydza	1 porcja	100 g	0,3 mg
Mąka gryczana	1 łyżka stołowa	20 g	0,1 mg
Płatki owsiane	1 łyżka stołowa	10 g	0,05 mg
Płatki żytnie	1 porcja	10 g	0,03 mg
Pszenica, pełne ziarno	1 łyżka stołowa	16 g	0,07 mg
Ryż łuskany, gotowany	1 porcja	100 g	0,4 mg
Chleb			
Chleb pszenny, razowiec	1 kromka	25 g	0,05 mg
Chleb żytni, razowiec	1 kromka	25 g	0,04 mg
Warzywa strączkowe			
Fasola, biała	1 porcja	100 g	0,5 mg
Groch	1 porcja	100 g	0,8 mg
Groch włoski (cieciorka)	1 porcja	100 g	0,5 mg

WITAMINA B1

Nazwa artykułu żywnościowego	Jednostka	Dozowanie	Ilość
Soczewica	1 porcja	100 g	0,05 mg
Soja	1 porcja	100 g	1 mg
Warzywa			
Kalafior, brukselka	1 porcja	200 g	0,2 mg
Karczochy	1 sztuka	120 g	0,2 mg
Kukurydza cukrowa	1 porcja	100 g	0,2 mg
Pędy bambusa	1 porcja	100 g	0,1 mg
Skorzonera	1 porcja	200 g	0,2 mg
Szparagi	1 porcja	200 g	0,2 mg
Szpinak	1 porcja	200 g	0,2 mg
Grzyby			
Boczniaki	1 porcja	100 g	0,2 mg
Koźlaki, podgrzybki	1 porcja	150 g	0,2 mg
Pieczarki	1 porcja	150 g	0,2 mg
Smardze	1 porcja	100 g	0,1 mg

WITAMINA B2

**Ilość zalecana przez dietetyków:
1,5 mg (kobiety), 1,7 mg (mężczyźni).
Ważna dla: Pozyskiwania energii z katabolizmu węglowodanów,
białkowej i tłuszczowej przemiany materii,
procesu gojenia się skóry.**

Nazwa artykułu żywnościowego	Jednostka	Dozowanie	Ilość
Mleko / produkty mleczne			
Jogurt	1 porcja	150 g	0,3 mg
Mleko	1 szklanka	200 g	0,4 mg

WITAMINA B2			
Nazwa artykułu żywnościowego	**Jednostka**	**Dozowanie**	**Ilość**
Zsiadłe mleko	1 porcja	150 g	0,3 mg
Ryby			
Flądra	1 sztuka	375 g	0,8 mg
Flądra (płaszczka)	1 porcja	150 g	0,3 mg
Sandacz	1 porcja	150 g	0,4 mg
Sardynka	1 porcja	125 g	0,3 mg
Szczupak morski	1 porcja	150 g	0,3 mg
Śledź	1 sztuka	60 g	0,1 mg
Drób			
Gęś	1 porcja	125 g	0,3 mg
Kaczka	1 porcja	125 g	0,3 mg
Pierś z kurczaka	1 porcja	125 g	1,1 mg
Udko z kurczaka	1 sztuka	100 g	0,4 mg
Wątróbki kurze	1 porcja	125 g	3,1 mg
Mięso			
Cielęcina	1 porcja	125 g	0,4 mg
Mięso kozie	1 porcja	125 g	0,4 mg
Mięso z jelenia	1 porcja	125 g	0,3 mg
Sarnina	1 porcja	125 g	0,3 mg
Wieprzowina	1 porcja	125 g	0,3 mg
Wołowina	1 porcja	125 g	0,3 mg
Podroby			
Nerki cielęce	1 porcja	125 g	3,1 mg

WITAMINA B2			
Nazwa artykułu żywnościowego	**Jednostka**	**Dozowanie**	**Ilość**
Nerki wołowe	1 porcja	125 g	2,8 mg
Wątroba cielęca	1 porcja	125 g	3,3 mg
Wątroba wieprzowa	1 porcja	125 g	4 mg
Wątroba wołowa	1 porcja	125 g	3,6 mg
Wędliny			
Kiszka wątrobiana, kiełbasa pasztetowa	1 porcja	30 g	0,3 mg
Chleb			
Chleb pełnoziarnisty	1 kromka	40 g	0,06 mg
Chleb razowy, pszenny, żytni	1 kromka	25 g	0,04 mg
Warzywa			
Botwina	1 porcja	200 g	0,3 mg
Brokuły	1 porcja	200 g	0,4 mg
Brukselka	1 porcja	200 g	0,3 mg
Groch	1 porcja	200 g	0,3 mg
Jarmuż	1 porcja	200 g	0,4 mg
Grzyby			
Boczniaki	1 porcja	100 g	0,3 mg
Koźlaki, podgrzybki	1 porcja	100 g	0,4 mg
Kurki	1 porcja	100 g	0,2 mg
Pieczarki	1 porcja	100 g	0,5 mg

WITAMINA B2

Prawdziwki	1 porcja	100 g	0,4 mg
Nazwa artykułu żywnościowego	**Jednostka**	**Dozowanie**	**Ilość**
Owoce			
Awokado	1 sztuka	225 g	0,3 mg

NIACYNA

**Ilość zalecana przez dietetyków:
15 mg (kobiety), 18 mg (mężczyźni).
Ważna dla: Pozyskiwania
energii, tworzenia się komórek oraz naprawy uszkodzonych
informacji genetycznych, funkcji przewodu pokarmowego, wiązania
tlenu we krwi.**

Nazwa artykułu żywnościowego	Jednostka	Dozowanie	Ilość
Ryby morskie			
Flądra (płaszczka)	1 porcja	150 g	6 mg
Halibut	1 porcja	150 g	8,9 mg
Łosoś morski	1 porcja	150 g	6 mg
Makrela	1 porcja	150 g	11,5 mg
Sardynka	1 porcja	150 g	14,5 mg
Śledź	1 sztuka	60 g	2,2 mg
Ryby słodkowodne			
Lin	1 porcja	150 g	6 mg
Łosoś	1 porcja	150 g	11,3 mg
Drób			
Gęś	1 porcja	125 g	8 mg

NIACYNA			
Kura rosołowa	1 porcja	250 g	22 mg
Nazwa artykułu żywnościowego	**Jednostka**	**Dozowanie**	**Ilość**
Kurczak pieczony	1 porcja	200 g	13,6 mg
Pierś z indyka	1 porcja	125 g	14,1 mg
Pierś z kurczaka	1 porcja	125 g	13,1 mg
Udko z kurczaka	1 sztuka	100 g	5,6 mg
Udo z indyka	1 porcja	125 g	5,9 mg
Mięso			
Jagnięcina	1 porcja	125 g	7,2 mg
Mięso z królika	1 porcja	125 g	10,8 mg
Mięso z zająca	1 porcja	125 g	10,1 mg
Pieczeń wołowa	1 porcja	125 g	6,1 mg
Polędwica wieprzowa	1 porcja	125 g	8,1 mg
Sznycel cielęcy	1 porcja	125 g	9,4 mg
Udziec jagnięcy	1 porcja	125 g	6,5 mg
Wołowina	1 porcja	125 g	9,4 mg
Podroby			
Wątroba cielęca	1 porcja	125 g	18,8 mg
Wątroba wieprzowa	1 porcja	125 g	19,7 mg
Wątroba wołowa	1 porcja	125 g	17 mg
Grzyby			
Boczniaki	1 porcja	100 g	10 mg
Kurki	1 porcja	100 g	6,5 mg

WITAMINA B6

Ilość zalecana przez dietetyków:
1,2–2 mg.
Ważna dla: Pozyskiwania energii, białkowej przemiany materii, przekazywania impulsów pomiędzy komórkami nerwowymi, prawidłowego wzrostu, tworzenia się nowych komórek.

Nazwa artykułu żywnościowego	Jednostka	Dozowanie	Ilość
Ryby morskie			
Halibut	1 porcja	150 g	0,6 mg
Makrela	1 porcja	150 g	0,9 mg
Sardynka	1 porcja	150 g	1,5 mg
Śledź	1 sztuka	60 g	0,3 mg
Tuńczyk	1 porcja	150 g	0,7 mg
Ryby słodkowodne			
Łosoś	1 porcja	150 g	1,5 mg
Węgorz	1 porcja	150 g	0,4 mg
Drób			
Gęś	1 porcja	125 g	0,7 mg
Kurczak	1 porcja	250 g	1,2 mg
Pierś z indyka	1 porcja	125 g	0,5 mg
Wątróbki kurze	1 porcja	125 g	1 mg
Mięso			
Mięso kozie	1 porcja	125 g	0,4 mg
Mięso z królika	1 porcja	125 g	0,4 mg
Udziec jagnięcy	1 porcja	125 g	0,4 mg
Wątroba wieprzowa	1 porcja	125 g	0,8 mg
Wątroba wołowa	1 porcja	125 g	0,9 mg
Wieprzowina	1 porcja	125 g	0,5 mg
Wołowina, polędwica wołowa	1 porcja	125 g	0,6 mg

WITAMINA B6			
Nazwa artykułu żywnościowego	**Jednostka**	**Dozowanie**	**Ilość**
Zboża / produkty zbożowe			
Chleb ciemny	1 kromka	50 g	0,1 mg
Chleb pszenny, razowiec	1 kromka	25 g	0,06 mg
Chleb żytni	1 kromka	25 g	0,05 mg
Chleb żytni razowiec, chleb żytni pełnoziarnisty	1 kromka	40 g	0,1 mg
Gryka	1 łyżka stołowa	16 g	0,09 mg
Jęczmień	1 łyżka stołowa	16 g	0,09 mg
Kiełki pszenicy	1 łyżka stołowa	15 g	0,6 mg
Kiełki żytnie	1 łyżka stołowa	15 g	0,3 mg
Mąka pszenna razowa	1 porcja	100 g	0,5 mg
Owies	1 porcja	100 g	1 mg
Proso	1 porcja	100 g	0,5 mg
Ryż naturalny	1 porcja	35 g	0,2 mg
Warzywa strączkowe			
Cieciorka (groch włoski)	1 porcja	100 g	0,5 mg
Soczewica	1 porcja	100 g	0,6 mg
Warzywa			
Jarmuż	1 porcja	200 g	0,5 mg
Kalafior	1 porcja	200 g	0,4 mg
Kapusta kiszona, szpinak	1 porcja	100 g	0,2 mg
Kapusta włoska	1 porcja	200 g	0,4 mg
Marchewka	1 porcja	100 g	0,3 mg
Papryka	1 sztuka	95 g	0,2 mg
Por	1 sztuka	100 g	0,2 mg
Seler korzeniowy	1 porcja	100 g	0,2 mg

WITAMINA B6

Nazwa artykułu żywnościowego	Jednostka	Dozowanie	Ilość
Owoce			
Awokado	1 sztuka	225 g	1,1 mg
Banany	1 sztuka	140 g	0,5 mg

KWAS PANTOTENOWY

**Ilość zalecana przez dietetyków:
6 mg.
Ważny dla: Przemiany tłuszczowej, węglowodanowej
i białkowej, tworzenia się cholesterolu, sił odpornościowych błony
śluzowej (śluzówki), zdrowych włosów i zdrowej skóry.**

Nazwa artykułu żywnościowego	Jednostka	Dozowanie	Ilość
Ryby morskie			
Flądra (płaszczka)	1 porcja	150 g	1,2 mg
Śledź	1 sztuka	60 g	0,6 mg
Śledź bałtycki	1 sztuka	60 g	5,6 mg
Drób			
Indyk	1 porcja	125 g	1,4 mg
Kurczak	1 porcja	250 g	2,4 mg
Wątróbki kurze	1 porcja	125 g	9 mg
Mięso			
Nerki jagnięce	1 porcja	125 g	5,7 mg
Wątroba cielęca	1 porcja	125 g	9,9 mg
Wątroba jagnięca	1 porcja	125 g	9,5 mg
Wątroba wieprzowa	1 porcja	125 g	8,5 mg
Wątroba wołowa	1 porcja	125 g	9,1 mg
Warzywa strączkowe			
Fasola mungo	1 porcja	100 g	3,5 mg
Groch	1 porcja	100 g	2,1 mg

KWAS PANTOTENOWY

Nazwa artykułu żywnościowego	Jednostka	Dozowanie	Ilość
Soja	1 porcja	100 g	1,9 mg
Owoce			
Arbuz	1 porcja	150 g	2,4 mg
Chleb			
Biały chleb	1 kromka	30 g	0,2 mg
Graham	1 kromka	40 g	0,3 mg
Warzywa			
Bataty	1 porcja	200 g	1,7 mg
Brokuły	1 porcja	200 g	2,6 mg
Groch	1 porcja	200 g	1,4 mg
Kalafior	1 porcja	200 g	2 mg
Kukurydza cukrowa	1 porcja	100 g	0,9 mg
Szparagi	1 porcja	200 g	1,2 mg

BIOTYNA

Ilość zalecana przez dietetyków:
30–100 µg.
Ważna dla: Przemiany energii pokarmowej w energię ciała,
zdrowej skóry, włosów i paznokci.

Nazwa artykułu żywnościowego	Jednostka	Dozowanie	Ilość
Drób			
Wątróbki kurze	1 porcja	125 g	268 µg
Mięso			
Nerki cielęce	1 porcja	125 g	100 µg
Wątroba cielęca	1 porcja	125 g	94 µg
Wątroba jagnięca	1 porcja	125 g	163 µg

BIOTYNA

Nazwa artykułu żywnościowego	Jednostka	Dozowanie	Ilość
Wątroba wieprzowa	1 porcja	125 g	34 µg
Warzywa strączkowe			
Groch żółty	1 porcja	100 g	19 µg
Soja	1 porcja	100 g	60 µg
Warzywa			
Szpinak	1 porcja	200 g	14 µg
Grzyby			
Pieczarki	1 porcja	150 g	24 µg

KWAS FOLIOWY

**Ilość zalecana przez dietetyków:
300 µg.
Ważny dla: Metabolizmu białek (białkowej przemiany materii), tworzenia kwasów nukleinowych (nośników informacji genetycznych), podziału komórek, tworzenia się nowych komórek, dojrzewania krwinek czerwonych w szpiku kostnym.**

Nazwa artykułu żywnościowego	Jednostka	Dozowanie	Ilość
Sery			
Limburger	1 porcja	30 g	27 µg
Mięso			
Wątroba wołowa	1 porcja	125 g	76 µg
Chleb			
Bułeczki pszenne	1 sztuka	50 g	205 µg

KWAS FOLIOWY			
Nazwa artykułu żywnościowego	Jednostka	Dozowanie	Ilość
Chleb pszenny, pełnoziarnisty	1 kromka	40 g	27 µg
Chleb żytni mieszany	1 kromka	50 g	47 µg
Chleb żytni, pełnoziarnisty	1 kromka	40 g	54 µg
Pieczywo chrupkie, pełnoziarniste	1 kromka	10 g	96 µg
Warzywa strączkowe			
Fasola	1 porcja	100 g	128 µg
Groch	1 porcja	100 g	57 µg
Soczewica	1 porcja	100 g	103 µg
Warzywa			
Brokuły	1 porcja	200 g	223 µg
Brukselka	1 porcja	200 g	358 µg
Buraki	1 sztuka	150 g	125 µg
Cykoria	1 sztuka	150 g	75 µg
Endywia	1 porcja	125 g	136 µg
Groszek zielony	1 porcja	200 g	318 µg
Jarmuż	1 porcja	200 g	424 µg
Kalafior	1 porcja	200 g	250 µg
Kalarepa	1 sztuka ·	100 g	70 µg
Kapusta pekińska	1 porcja	200 g	150 µg
Marchewka	1 porcja	100 g	55 µg
Papryka	1 sztuka	95 g	57 µg
Pomidory	1 sztuka	62 g	31 µg
Por	1 sztuka	100 g	103 µg
Sałata	1 porcja	50 g	73 µg

KWAS FOLIOWY

Nazwa artykułu żywnościowego	Jednostka	Dozowanie	Ilość
Sałata głowiasta	1 sztuka	160 g	120 µg
Seler korzeniowy	1 porcja	100 g	76 µg
Szparagi	1 porcja	200 g	216 µg
Szpinak	1 porcja	200 g	290 µg
Owoce			
Czereśnie	1 porcja	100 g	52 µg
Maliny	1 porcja	125 g	38 µg
Pomarańcze	1 sztuka	80 g	34 µg
Truskawki	1 porcja	150 g	120 µg
Winogrona	1 porcja	100 g	43 µg
Wiśnie	1 porcja	100 g	80 µg

WITAMINA B12

**Ilość zalecana przez dietetyków:
3 µg.
Ważna dla: Gromadzenia energii pokarmowej w tkance mięśniowej, aktywacji kwasu foliowego przy tworzeniu krwi, podziału komórek, przekazywania informacji genetycznych do nowych komórek.**

Nazwa artykułu żywnościowego	Jednostka	Dozowanie	Ilość
Ryby morskie			
Flądra (płaszczka)	1 porcja	150 g	2,2 µg
Flądra	1 sztuka	375 g	3,8 µg
Łosoś morski	1 porcja	150 g	5,3 µg
Makrela	1 porcja	150 g	13,5 µg
Okoń czerwony	1 porcja	150 g	5,7 µg

WITAMINA B12			
Nazwa artykułu żywnościowego	**Jednostka**	**Dozowanie**	**Ilość**
Tuńczyk	1 porcja	150 g	6,4 µg
Śledź	1 sztuka	60 g	5,1 µg
Ryby słodkowodne			
Łosoś	1 porcja	150 g	4,4 µg
Węgorz	1 porcja	150 g	1,5 µg
Konserwy rybne			
Filety śledziowe w sosie pomidorowym	1 sztuka	80 g	4,8 µg
Łosoś	1 porcja	50 g	2,2 µg
Pikling	1 porcja	125 g	12,2 µg
Śledź solony	1 sztuka	25 g	1,5 µg
Mleko / produkty mleczne			
Brie, 50% tłuszczu	1 porcja	30 g	0,5 µg
Camembert, 30% tłuszczu	1 porcja	30 g	0,9 µg
Ementaler, 45% tłuszczu	1 plasterek	30 g	0,6 µg
Mleko	1 szklanka	200 g	0,8 µg
Ser edamski	1 plasterek	30 g	0,6 µg
Tilsiter, 45% tłuszczu	1 plasterek	30 g	0,6 µg
Drób			
Wątróbki kurze	1 porcja	125 g	29 µg
Mięso			
Cielęcina	1 porcja	125 g	1,5 µg
Jagnięcina	1 porcja	125 g	3,8 µg
Nerki cielęce	1 porcja	125 g	31 µg

WITAMINA B12

Nazwa artykułu żywnościowego	Jednostka	Dozowanie	Ilość
Nerki jagnięce	1 porcja	125 g	79 µg
Nerki wieprzowe	1 porcja	125 g	19 µg
Nerki wołowe	1 porcja	125 g	42 µg
Wątroba cielęca	1 porcja	125 g	75 µg
Wątroba jagnięca	1 porcja	125 g	44 µg
Wątroba wieprzowa	1 porcja	125 g	49 µg
Wieprzowina	1 porcja	125 g	1,2 µg
Wołowina	1 porcja	125 g	2,5 µg
Wędliny			
Krwawa kiszka	1 porcja	30 g	13,5 µg
Pasztet z wątroby	1 plasterek	30 g	1 µg

WITAMINA C

Ilość zalecana przez dietetyków:
75 mg.
Ważna dla: Ochrony wielu substancji czynnych przed utlenianiem, przemiany materii w komórkach, przetwarzania energii pokarmowej w energię ciała, podwyższania endogennych (wewnątrzpochodnych) sił odpornościowych organizmu, tworzenia się tkanki łącznej, kości i zębów, gojenia się ran, przyswajania żelaza przez organizm.

Nazwa artykułu żywnościowego	Jednostka	Dozowanie	Ilość
Drób			
Wątróbki kurze	1 porcja	125 g	35 mg
Mięso			
Płuca wołowe	1 porcja	125 g	49 mg

WITAMINA C			
Nazwa artykułu żywnościowego	**Jednostka**	**Dozowanie**	**Ilość**
Wątroba cielęca	1 porcja	125 g	44 mg
Warzywa			
Brokuły	1 sztuka	160 g	176 mg
Brukselka	1 porcja	200 g	224 mg
Jarmuż	1 porcja	200 g	210 mg
Kalafior	1 porcja	200 g	138 mg
Kalarepa	1 sztuka	100 g	63 mg
Kapusta czerwona, kapusta włoska	1 porcja	200 g	100 mg
Koper włoski	1 sztuka	135 g	126 mg
Papryka	1 sztuka	95 g	133 mg
Szpinak	1 porcja	200 g	102 mg
Owoce			
Cytryna	1 sztuka	60 g	32 mg
Głóg (owoc dzikiej róży)	1 porcja	100 g	1250 mg
Grejpfrut	1 sztuka	150 g	66 mg
Jagody oliwnika	1 porcja	100 g	266 mg
Kiwi	1 sztuka	45 g	32 mg
Papaja	1 sztuka	140 g	112 mg
Porzeczki	1 porcja	100 g	189 mg
Sok pomarańczowy	1 szklanka	200 g	84 mg
Sok z czereśni	1 szklanka	200 g	2000 mg
Sok z grejpfruta	1 szklanka	200 g	80 mg

KOKTAJL SKŁADNIKÓW MINERALNYCH – TO JEST TO

Harmonijnie skomponowany koktajl składników mineralnych stanowi wykończenie – „ostatni szlif" – zdrowego stylu odżywiania. Ponieważ składniki mineralne, warunkujące wzrost i rozwój organizmu w stopniu nie mniejszym niż białka i pokarmy energetyczne, nie są produkowane przez organizm, muszą być pobierane z otoczenia za pośrednictwem pokarmu, najlepiej roślinnego pochodzenia. W zależności od zapotrzebowania organizmu, składniki mineralne dzielimy na pierwiastki ilościowe bądź śladowe. Pierwiastki ilościowe muszą być dostarczane w wyższej dawce, wynoszącej ponad 100 miligramów na dzień; do tej grupy należą chlor, potas, wapń, magnez, sód, fosfor i siarka.

Zapotrzebowanie organizmu na pierwiastki śladowe jest zdecydowanie mniejsze i wynosi poniżej 100 mg na dzień. Wśród pierwiastków śladowych znajdują się chrom, żelazo, fluor, jod, miedź, mangan, molibden, nikiel, selen i cynk.

Przedstawione w tym rozdziale tabele zawierają wykaz tych artykułów żywnościowych, które są szczególnie bogate w najważniejsze składniki mineralne i pierwiastki śladowe.

Sód

Sód można znaleźć w niemal wszystkich produktach żywnościowych. Najbogatszym jego źródłem jest sól kuchenna.

Sód jest najważniejszym kationem nieorganicznym osocza krwi i cieczy pozakomórkowej, decydującym o ciśnieniu osmotycznym tych cieczy. Stabilizuje równowagę kwasowo-zasadową organizmu, aktywizuje funkcje enzymów i ma znaczący wpływ na pobudliwość mięśni i nerwów. Pokaźne ilości tego pierwiastka znajdują się w skórze, mięśniach i kościach. Organizm żywy wymaga stałej równowagi sodowej. Zmniejszenie ilości chlorku sodowego (soli kuchennej) w pokarmach powoduje zmniejszenie wydalania sodu – za pośrednictwem moczu i potu – ale tylko do pewnych granic. Sól kuchenna, jako dodatek do potraw, zapewnia organizmowi dopływ potrzebnej ilości jonów Cl, a także sodu, zwłaszcza w diecie roślinnej. Ludzie, którzy z różnych względów dużo się pocą albo mają biegunkę, powinni zadbać o dostarczanie swojemu organizmowi większych niż zazwyczaj ilości sodu.

Czy nadmiar soli może szkodzić?

Żywieniowcy uważają, że dzienne zapotrzebowanie organizmu na sód wynosi trzy gramy. Wraz ze wzrostem obciążenia organizmu i zwiększeniem utraty płynów (wskutek podwyższonej temperatury, przy biegunce lub wysiłku fizycznym, na przykład podczas uprawiania sportu) zapotrzebowanie na sód wzrasta nawet do dziesięciu gramów dziennie, co przy prawidłowym stylu odżywiania nie powinno wszakże nastręczać większych obaw. Od lat nie ustają dyskusje na temat zdrowotnego aspektu soli kuchennej – zbyt wysokie jej spożycie tradycyjnie już obarcza się odpowiedzialnością za podwyższone ciśnienie tętnicze krwi. Wszystko wskazuje jednak na to, że organizm zdrowego człowieka nie reaguje chorobliwymi zmianami na nadmiar soli. Ludzie, u których w wyniku nadmiernej konsumpcji soli dochodzi do podwyższenia ciśnienia krwi, zazwyczaj mają ku temu dziedziczne skłonności i z tego względu powinni zadbać o odpowiednią dietę i radykalnie ograniczyć spożycie NaCl. Niedostarczanie organizmowi optymalnej dawki sodu prowadzi do nadkwasoty i ogólnej utraty składników mineralnych.

Produkty żywnościowe bogate w sód

Wysoka zawartość soli kuchennej w produktach żywnościowych wiąże się nieuchronnie z obfitością sodu w tychże. Do takich produktów należą między innymi solone śledzie, wędzone ryby, peklowane mięso, kiełbasa, wędliny i ser, podobnie jak pieczone kurczaki, cielęcina, wołowina, mortadela i kiełbaski-frankfurterki. Ale również w bananach, fasoli, jabłkach i pszenicy znajdują się niewielkie ilości sodu.

Produkty żywnościowe bogate w składniki mineralne

Składniki mineralne oraz pierwiastki śladowe są nieodzowne dla prawidłowego funkcjonowania zdrowego organizmu. I tak, na przykład, budowa, utrzymanie oraz odnowa kości i zębów są w znacznym stopniu uzależnione od zrównoważonej diety zawierającej wiele świeżych owoców i warzyw. Aby z dobrym skutkiem zapobiegać niedoborom sodu w organizmie oraz ich następstwom, należy uwzględnić w swoim codziennym menu odpowiednie ilości mleka oraz jego przetworów, sera, jogurtu, a także owoców strączkowych, orzechów i produktów zbożowych, zwłaszcza z pełnego ziarna. Nie zapominajcie również o mięsie i rybach, stanowiących ważne źródło sodu. W miarę możności starajcie się spożywać zawsze świeże produkty żywnościowe, bez względu na to, czy będą to owoce, warzywa lub mięso. I najważniejsze: urozmaicajcie swoje posiłki, komponujcie je z fantazją i smakiem!

WAPŃ			
Ilość zalecana przez dietetyków: 900 mg. **Ważny dla: Budowy kości, zębów, krzepliwości krwi, przewodzenia bodźców. Przyswajanie wapnia przez organizm jest wspierane przez witaminę D, natomiast hamowane przez nadmierne spożycie tłuszczów.**			
Nazwa artykułu żywnościowego	**Jednostka**	**Dozowanie**	**Ilość**
Mleko / produkty mleczne			
Brie, 50% tłuszczu	1 porcja	30 g	105 mg

WAPŃ			
Nazwa artykułu żywnościowego	Jednostka	Dozowanie	Ilość
Camembert, 60% tłuszczu	1 porcja	30 g	84 mg
Gorgonzola	1 porcja	30 g	183 mg
Gouda	1 plasterek	30 g	240 mg
Gruyere	1 plasterek	30 g	300 mg
Jarlsberg	1 porcja	30 g	240 mg
Limburger, Romadur	1 porcja	30 g	120 mg
Maślanka	1 szklanka	200 g	218 mg
Mleko	1 szklanka	200 g	246 mg
Morbier (ser)	1 porcja	30 g	240 mg
Mozarella	1 kulka	125 g	789 mg
Parmezan	1 łyżka stołowa	20 g	280 mg
Raclette	1 porcja	30 g	225 mg
Ser górski	1 plasterek	30 g	330 mg
Ser kozi miękki (biały)	1 porcja	30 g	129 mg
Ser śmietankowy, 60% tłuszczu	1 plasterek	30 g	180 mg
Ser topiony	1 porcja	30 g	240 mg
Sery: Appenzeller, edamski	1 porcja	30 g	240 mg
Tilsiter (ser)	1 porcja	30 g	225 mg
Zsiadłe mleko, jogurt	1 porcja	150 g	180 mg

WAPŃ

Nazwa artykułu żywnościowego	Jednostka	Dozowanie	Ilość
Warzywa			
Brokuły	1 porcja	200 g	226 mg
Jarmuż	1 porcja	200 g	424 mg
Kalarepa	1 sztuka	100 g	68 mg
Mniszek	1 porcja	100 g	173 mg
Por	1 sztuka	100 g	87 mg
Rukiew wodna	1 porcja	50 g	90 mg
Seler naciowy	1 porcja	100 g	80 mg
Szpinak	1 porcja	200 g	252 mg

MAGNEZ

**Ilość zalecana przez dietetyków:
300 mg (kobiety), 350 mg (mężczyźni).
Ważny dla: Budowy kości i ścięgien, przewodzenia bodźców.
Składnik różnych enzymów. Przyswajanie magnezu przez organizm
zostaje zwiększone dzięki witaminie D.**

Nazwa artykułu żywnościowego	Jednostka	Dozowanie	Ilość
Ryby morskie			
Flądra	1 sztuka	375 g	90 mg
Halibut, makrela	1 porcja	150 g	42 mg
Okoń czerwony	1 porcja	150 g	44 mg
Sardynka	1 porcja	125 g	30 mg
Sola	1 sztuka	260 g	127 mg

MAGNEZ			
Nazwa artykułu żywnościowego	**Jednostka**	**Dozowanie**	**Ilość**
Śledź	1 sztuka	25 g	7,8 mg
Turbot	1 sztuka	180 g	81 mg
Wątłusz (dorsz)	1 porcja	100 g	25 mg
Wątłusz srebrzysty (łupacz)	1 porcja	150 g	36 mg
Zębacz	1 porcja	150 g	41 mg
Ryby słodkowodne			
Karp	1 porcja	150 g	45 mg
Łosoś	1 porcja	150 g	44 mg
Sieja (sielawa)	1 sztuka	375 g	112 mg
Drób			
Kurczak	1 porcja	250 g	93 mg
Zboża			
Jęczmień, ziarno	1 łyżka stołowa	16 g	18 mg
Kasza jęczmienna (pęcak)	1 łyżka stołowa	16 g	20 mg
Kukurydza, ziarno	1 porcja	100 g	120 mg
Mąka kukurydziana	1 porcja	100 g	100 mg
Mąka pszenna, razowa	1 porcja	100 g	140 mg
Mąka z orkiszu	1 porcja	100 g	113 mg
Orkisz, ziarno	1 łyżka stołowa	16 g	21 mg
Owies, pszenica, ziarno	1 łyżka stołowa	16 g	21 mg
Płatki owsiane	1 łyżka stołowa	10 g	14 mg
Proso, ziarno	1 porcja	100 g	170 mg
Ryż naturalny	1 porcja	35 g	55 mg

MAGNEZ			
Nazwa artykułu żywnościowego	**Jednostka**	**Dozowanie**	**Ilość**
Żyto, ziarno, płatki	1 łyżka stołowa	10 g	12 mg
Chleb			
Chleb ciemny	1 kromka	50 g	61 mg
Chleb pszenny mieszany	1 kromka	30 g	22 mg
Chleb pszenny z mąki grubo mielonej, razowiec	1 kromka	40 g	37 mg
Chleb żytni z mąki grubo mielonej, razowiec	1 kromka	40 g	28 mg
Pumpernikiel	1 kromka	30 g	24 mg
Warzywa strączkowe			
Fasola biała	1 porcja	80 g	112 mg
Fasola lima	1 porcja	100 g	201 mg
Groch włoski (cieciorka)	1 porcja	100 g	155 mg
Soja	1 porcja	100 g	220 mg
Warzywa			
Buraki	1 sztuka	150 g	38 mg
Fasolka zielona	1 porcja	100 g	26 mg
Groszek zielony	1 porcja	200 g	60 mg
Jarmuż	1 porcja	200 g	68 mg
Karczochy	1 sztuka	120 g	31 mg
Kukurydza cukrowa	1 porcja	100 g	27 mg
Portulaka	1 porcja	100 g	151 mg
Słodkie ziemniaki	1 porcja	100 g	25 mg
Ziemniaki	1 porcja	200 g	40 mg

MAGNEZ

Nazwa artykułu żywnościowego	Jednostka	Dozowanie	Ilość
Owoce			
Awokado	1 sztuka	225 g	65 mg
Jeżyny, maliny	1 porcja	125 g	38 mg

FOSFOR

**Ilość zalecana przez dietetyków
1400 mg.
Ważny dla: Budowy kośćca, przemiany materii w celu pozyskiwania energii. Składnik komórek. Przyswajanie fosforu przez organizm jest wspierane przez witaminę D.**

Nazwa artykułu żywnościowego	Jednostka	Dozowanie	Ilość
Sery			
Ementaler	1 plasterek	30 g	210 mg
Lindenburger	1 plasterek	30 g	210 mg
Parmezan, tarty	1 łyżka stołowa	20 g	190 mg
Ser górski	1 plasterek	30 g	210 mg
Ser tarty	1 porcja	30 g	240 mg
Ser topiony	1 porcja	30 g	210 mg
Ryby morskie			
Filet ze śledzia	1 sztuka	60 g	150 mg
Flądra	1 sztuka	375 g	750 mg
Halibut	1 porcja	125 g	253 mg
Łosoś morski	1 porcja	150 g	450 mg

FOSFOR			
Nazwa artykułu żywnościowego	**Jednostka**	**Dozowanie**	**Ilość**
Makrela	1 porcja	150 g	357 mg
Okoń czerwony	1 porcja	150 g	302 mg
Sardynki	1 porcja	125 g	323 mg
Sola	1 sztuka	260 g	507 mg
Śledź bałtycki	1 sztuka	60 g	144 mg
Tuńczyk	1 porcja	150 g	300 mg
Wątłusz (dorsz)	1 porcja	100 g	190 mg
Ryby słodkowodne			
Karp	1 porcja	150 g	324 mg
Łosoś	1 porcja	150 g	399 mg
Okoń	1 porcja	150 g	297 mg
Pstrąg	1 porcja	150 g	363 mg
Sandacz	1 porcja	150 g	291 mg
Sieja (sielawa)	1 sztuka	375 g	1088 mg
Szczupak	1 porcja	150 g	288 mg
Węgorz	1 porcja	150 g	335 mg
Owoce morza			
Homar	1 porcja	100 g	234 mg
Krewetki	1 porcja	100 g	224 mg
Langusta	1 porcja	100 g	215 mg
Małże jadalne	1 porcja	100 g	250 mg
Raki	1 porcja	100 g	224 mg

FOSFOR			
Nazwa artykułu żywnościowego	Jednostka	Dozowanie	Ilość
Drób			
Indyk	1 porcja	125 g	298 mg
Kurczak	1 porcja	250 g '	500 mg
Mięso			
Mięso z jelenia	1 porcja	125 g	311 mg
Mostek cielęcy	1 porcja	125 g	296 mg
Wątroba jagnięca	1 porcja	125 g	455 mg
Wątroba wieprzowa	1 porcja	125 g	453 mg
Wątroba wołowa	1 porcja	125 g	440 mg
Chleb			
Chleb ciemny	1 kromka	50 g	129 mg
Chleb pszenny, razowiec, chleb pszenny pełnoziarnisty	1 kromka	40 g	98 mg
Warzywa strączkowe			
Fasola biała	1 porcja	80 g	344 mg
Soja	1 porcja	100 g	550 mg
Grzyby			
Smardze	1 porcja	100 g	162 mg

POTAS

**Ilość zalecana przez dietetyków:
2 g.**
**Ważny dla: Ciśnienia osmotycznego w komórkach, zachowania
równowagi kwasowo-zasadowej, kurczliwości mięśni.
Zapotrzebowanie na potas rośnie wraz ze zwiększoną dostawą
sodu do organizmu.**

Nazwa artykułu żywnościowego	Jednostka	Dozowanie	Ilość
Ryby słodkowodne			
Pstrąg	1 sztuka	185 g	860 mg
Drób			
Gęś	1 porcja	125 g	525 mg
Chleb			
Pumpernikiel	1 kromka	30 g	101 mg
Warzywa strączkowe			
Fasola biała	1 porcja	100 g	1300 mg
Fasola lima	1 porcja	100 g	1700 mg
Soczewica	1 porcja	100 g	810 mg
Soja	1 porcja	100 g	1750 mg
Warzywa			
Botwina	1 porcja	200 g	752 mg
Brokuły	1 porcja	200 g	746 mg
Buraki	1 sztuka	150 g	503 mg
Dynia	1 porcja	200 g	766 mg
Groszek zielony	1 porcja	200 g	680 mg
Jarmuż	1 porcja	200 g	980 mg
Kalafior	1 porcja	200 g	622 mg

POTAS			
Nazwa artykułu żywnościowego	Jednostka	Dozowanie	Ilość
Kalarepa	1 sztuka	100 g	372 mg
Karczochy	1 sztuka	120 g	420 mg
Koper włoski	1 sztuka	135 g	667 mg
Kukurydza cukrowa	1 porcja	100 g	300 mg
Pasternak	1 porcja	100 g	469 mg
Pędy bambusa	1 porcja	100 g	470 mg
Portulaka	1 porcja	100 g	390 mg
Rzodkiew	1 sztuka	450 g	1449 mg
Seler korzeniowy	1 porcja	100 g	310 mg
Seler naciowy	1 porcja	100 g	344 mg
Skorzonera	1 porcja	200 g	640 mg
Słodkie ziemniaki	1 porcja	100 g	400 mg
Szpinak	1 porcja	200 g	640 mg
Topinambur	1 porcja	200 g	960 mg
Ziemniaki, surowe	1 porcja	200 g	823 mg
Grzyby			
Bedłki (opieńki)	1 porcja	150 g	660 mg
Koźlaki, podgrzybki	1 porcja	150 g	519 mg
Kurki	1 porcja	150 g	551 mg
Pieczarki	1 porcja	150 g	627 mg
Prawdziwki	1 porcja	150 g	729 mg
Rydze	1 porcja	150 g	465 mg
Smardze	1 porcja	100 g	390 mg
Trufle	1 porcja	5 g	26 mg

POTAS			
Nazwa artykułu żywnościowego	Jednostka	Dozowanie	Ilość
Owoce			
Banany	1 sztuka	140 g	535 mg
Jagody czarnego bzu	1 porcja	100 g	303 mg
Kiwi	1 sztuka	45 g	133 mg
Melon miodowy	1 sztuka	300 g	990 mg
Porzeczki	1 porcja	100 g	310 mg
Sok z pomarańczy	1 szklanka	200 g	1348 mg

Pierwiastki śladowe w produktach żywnościowych

ŻELAZO			
Ilość zalecana przez dietetyków: 10 mg. Ważne dla: Transportu tlenu we krwi. Składnik enzymów.			
Nazwa artykułu żywnościowego	Jednostka	Dozowanie	Ilość
Drób			
Gęś	1 porcja	125 g	2,4 mg
Indyk	1 porcja	125 g	2,5 mg
Kaczka	1 porcja	125 g	2,6 mg
Kurczak	1 porcja	250 g	4,5 mg
Wątróbka z kurczaka	1 porcja	125 g	9,3 mg

ŻELAZO			
Nazwa artykułu żywnościowego	Jednostka	Dozowanie	Ilość
Mięso			
Konina	1 porcja	125 g	5,9 mg
Mostek cielęcy	1 porcja	125 g	3,8 mg
Nerki cielęce	1 porcja	125 g	14 mg
Nerki wieprzowe	1 porcja	125 g	13 mg
Nerki wołowe	1 porcja	125 g	12 mg
Płuca cielęce	1 porcja	125 g	6,3 mg
Płuca wieprzowe	1 porcja	125 g	6,3 mg
Płuca wołowe	1 porcja	125 g	9,3 mg
Serce cielęce	1 porcja	100 g	3,7 mg
Serce jagnięce	1 porcja	100 g	6,1 mg
Serce wieprzowe	1 porcja	100 g	4,3 mg
Serce wołowe	1 porcja	100 g	5,1 mg
Wątroba cielęca	1 porcja	125 g	9,9 mg
Wątroba jagnięca	1 porcja	125 g	16 mg
Wątroba wieprzowa	1 porcja	125 g	28 mg
Wątroba wołowa	1 porcja	125 g	8 mg
Zboża			
Owies, ziarno	1 łyżka stołowa	10 g	0,6 mg
Proso, ziarno	1 łyżka stołowa	10 g	0,9 mg
Żyto, ziarno	1 łyżka stołowa	10 g	0,5 mg
Chleb			
Chleb ciemny	1 kromka	50 g	1,5 mg
Chleb żytni mieszany	1 kromka	30 g	0,7 mg

ŻELAZO			
Nazwa artykułu żywnościowego	**Jednostka**	**Dozowanie**	**Ilość**
Chleb żytni, razowy i pełnoziarnisty	1 kromka	40 g	1,2 mg
Pieczywo pszennne, tostowe	1 kromka	30 g	0,7 mg
Pumpernikiel	1 kromka	30 g	0,7 mg
Warzywa strączkowe			
Cieciorka (groch włoski)	1 porcja	100 g	6,9 mg
Fasola biała	1 porcja	80 g	4,9 mg
Groch	1 porcja	100 g	5,2 mg
Soczewica	1 porcja	100 g	7,5 mg
Soja	1 porcja	100 g	6,6 mg
Warzywa			
Botwina	1 porcja	200 g	5,4 mg
Koper włoski	1 sztuka	135 g	3,6 mg
Mniszek	1 porcja	100 g	3,1 mg
Skorzonera	1 porcja	200 g	6,6 mg
Szpinak	1 porcja	200 g	8,2 mg
Topinambur	1 porcja	200 g	7,4 mg
Grzyby			
Boczniaki	1 porcja	100 g	1,2 mg
Koźlaki, podgrzybki	1 porcja	150 g	2,4 mg
Kurki	1 porcja	100 g	6,5 mg
Maślaki	1 porcja	100 g	1,3 mg
Pieczarki	1 porcja	150 g	1,7 mg
Smardze	1 porcja	100 g	1,2 mg

ŻELAZO

Nazwa artykułu żywnościowego	Jednostka	Dozowanie	Ilość
Owoce			
Jagody czarnego bzu	1 porcja	100 g	1,6 mg
Owoc passiflory	1 sztuka	25 g	0,3 mg
Porzeczki	1 porcja	100 g	1,3 mg
Renklody	1 porcja	100 g	1,1 mg
Truskawki	1 porcja	150 g	2,9 mg

FLUOR

Ilość zalecana przez dietetyków
1 mg.
Ważny dla: Stabilności kości i zębów.

Nazwa artykułu żywnościowego	Jednostka	Dozowanie	Ilość
Ryby morskie			
Flądra	1 sztuka	375 g	0,8 mg
Makrela	1 porcja	150 g	0,5 mg
Okoń czerwony	1 porcja	150 g	0,2 mg
Śledź	1 sztuka	60 g	0,2 mg
Wątłusz (dorsz)	1 porcja	100 g	0,07 mg
Wątłusz srebrzysty (łupacz)	1 porcja	150 g	0,2 mg
Ryby słodkowodne			
Łosoś	1 porcja	150 g	0,9 mg
Węgorz	1 porcja	150 g	0,2 mg

FLUOR			
Nazwa artykułu żywnościowego	**Jednostka**	**Dozowanie**	**Ilość**
Konserwy rybne			
Filety ze śledzia w sosie pomidorowym	1 porcja	125 g	2,7 mg
Łosoś	1 porcja	50 g	0,2 mg
Pikling	1 porcja	125 g	0,4 mg
Sztokfisz (dorsz)	1 porcja	50 g	0,3 mg
Drób			
Pierś z kurczaka	1 porcja	125 g	0,2 mg
Wątróbka z kurczaka	1 porcja	125 g	0,2 mg
Mięso			
Nerki cielęce	1 porcja	125 g	0,3 mg
Nerki wołowe	1 porcja	125 g	0,3 mg
Wątroba wołowa	1 porcja	125 g	0,2 mg
Kiełbasa			
Kiełbaski wiedeńskie	1 sztuka	80 g	0,1 mg
Zboża			
Gryka	1 łyżka stołowa	16 g	0,03 mg
Kasza jęczmienna (pęcak)	1 łyżka stołowa	20 g	0,05 mg
Chleb			
Chleb biały	1 kromka	30 g	0,02 mg
Chleb ciemny	1 kromka	50 g	0,03 mg
Chleb pszenny mieszany	1 kromka	30 g	0,02 mg
Chleb pszenny tostowy	1 kromka	25 g	0,02 mg

FLUOR			
Nazwa artykułu żywnościowego	**Jednostka**	**Dozowanie**	**Ilość**
Chleb pszenny z mąki grubo mielonej	1 kromka	40 g	0,04 mg
Chleb pszenny z pełnego ziarna	1 kromka	40 g	0,04 mg
Chleb żytni mieszany	1 kromka	30 g	0,02 mg
Chleb żytni z mąki grubo mielonej (razowiec)	1 kromka	40 g	0,04 mg
Chleb żytni z pełnego ziarna	1 kromka	40 g	0,04 mg
Pumpernikiel	1 kromka	30 g	0,02 mg
Warzywa strączkowe			
Soja	1 porcja	100 g	0,4 mg
Orzechy			
Orzechy włoskie	1 łyżka stołowa	20 g	0,1 mg
Warzywa			
Rzodkiewki	1 sztuka	8 g	0,008 mg
Szparagi	1 porcja	200 g	0,1 mg
Szpinak	1 porcja	200 mg	0,2 mg
Ziemniaki	1 porcja	200 mg	0,2 mg
Owoce			
Pomarańcze	1 sztuka	80 g	0,04 mg

MIEDŹ

Ilość zalecana przez dietetyków
1,5–3 µg.
Ważna dla: Eliminowania wolnych rodników, przemiany materii w tkance łącznej, transportu żelaza w organizmie. W zbyt wysokich dawkach toksyczna.

Nazwa artykułu żywnościowego	Jednostka	Dozowanie	Ilość
Sery			
Edamski	1 plasterek	30 g	234 µg
Emmentaler	1 plasterek	30 g	351 µg
Ryby morskie			
Halibut	1 porcja	125 g	250 µg
Śledź	1 sztuka	60 g	192 µg
Śledź bałtycki	1 sztuka	60 g	180 µg
Wątłusz (dorsz)	1 porcja	100 g	230 µg
Wątłusz srebrzysty (łupacz)	1 porcja	150 g	345 µg
Ryby słodkowodne			
Łosoś	1 porcja	150 g	300 µg
Owoce morza			
Homar	1 porcja	100 g	700 µg
Krewetki	1 porcja	100 g	240 µg
Ostrygi	1 porcja (6 sztuk)	120 g	3000 µg
Drób			
Gęś	1 porcja	125 g	413 µg
Kaczka	1 porcja	125 g	563 µg
Kurczak	1 porcja	250 g	750 µg

MIEDŹ			
Nazwa artykułu żywnościowego	**Jednostka**	**Dozowanie**	**Ilość**
Mięso			
Karkówka cielęca	1 porcja	125 g	313 µg
Łopatka cielęca	1 porcja	125 g	313 µg
Mięso cielęce od szynki	1 porcja	125 g	313 µg
Serce cielęce	1 porcja	100 g	320 µg
Serce jagnięce	1 porcja	100 g	450 µg
Serce wieprzowe	1 porcja	100 g	410 µg
Serce wołowe	1 porcja	100 g	410 µg
Udziec cielęcy, kotlet cielęcy	1 porcja	125 g	313 µg
Udziec wieprzowy	1 porcja	125 g	388 µg
Wątroba cielęca	1 porcja	125 g	6875 µg
Wątroba jagnięca	1 porcja	125 g	9550 µg
Wątroba wieprzowa	1 porcja	125 g	6850 µg
Wątroba wołowa	1 porcja	125 g	4500 µg
Zboża			
Płatki owsiane	1 łyżka stołowa	10 g	88 µg
Proso	1 łyżka stołowa	10 g	142 µg
Pszenica, ziarno	1 łyżka stołowa	16 g	168 µg
Żyto, ziarno	1 łyżka stołowa	10 g	83 µg
Pieczywo			
Bułeczki	1 sztuka	60 g	534 µg
Chleb pszenny	1 kromka	30 g	180 µg
Chleb pszenny, z pełnego ziarna	1 kromka	40 g	920 µg

MIEDŹ			
Nazwa artykułu żywnościowego	**Jednostka**	**Dozowanie**	**Ilość**
Chleb wojskowy (komiśniak)	1 kromka	30 g	690 µg
Chleb żytni	1 kromka	25 g	230 µg
Warzywa			
Brokuły	1 porcja	200 g	400 µg
Buraki	1 sztuka	150 g	285 µg
Karczochy	1 sztuka	120 g	384 µg
Skorzonera	1 porcja	200 g	600 µg
Słodkie ziemniaki	1 porcja	100 g	160 µg
Szparagi	1 porcja	200 g	300 µg
Warzywa strączkowe			
Fasola biała	1 porcja	80 g	640 µg
Fasola lima	1 porcja	100 g	780 µg
Groch żółty	1 porcja	100 g	740 µg
Soczewica	1 porcja	100 g	660 µg
Grzyby			
Kurki	1 porcja	100 g	650 µg
Pieczarki	1 porcja	150 g	585 µg
Prawdziwki (borowiki)	1 porcja	150 g	1050 µg
Inne			
Drożdże piwne	1 łyżeczka d. h.	5 g	166 µg
Kawa	1 łyżeczka d. h.	5 g	150 µg

MANGAN

Ilość zalecana przez dietetyków:
2–5 µg.
Ważny dla: Tworzenia się enzymów.
W wysokich dawkach toksyczny; przedawkowanie
za pośrednictwem żywności mało prawdopodobne.

Nazwa artykułu żywnościowego	Jednostka	Dozowanie	Ilość
Zboża			
Jęczmień, ziarno	1 łyżka stołowa	16 g	264 µg
Kiełki pszenicy	1 łyżka stołowa	15 g	1395 µg
Owies, ziarno	1 łyżka stołowa	16 g	592 µg
Płatki owsiane	1 łyżka stołowa	10 g	490 µg
Proso	1 łyżka stołowa	15 g	285 µg
Pszenica, ziarno	1 łyżka stołowa	16 g	544 µg
Ryż	1 porcja	35 g	700 µg
Żyto, ziarno	1 łyżka stołowa	10 g	240 µg
Warzywa strączkowe			
Fasola biała	1 porcja	80 g	1600 µg
Fasola lima	1 porcja	100 g	1950 µg
Groch żółty	1 porcja	100 g	1300 µg
Soja	1 porcja	100 g	2800 µg
Warzywa			
Buraki	1 sztuka	150 g	150 µg
Groch	1 porcja	200 g	1320 µg
Jarmuż	1 porcja	200 g	1100 µg
Karczochy	1 sztuka	120 g	456 µg
Skorzonera	1 porcja	200 g	820 µg

MANGAN

Nazwa artykułu żywnościowego	Jednostka	Dozowanie	Ilość
Szpinak	1 porcja	200 g	1520 µg
Owoce			
Banany	1 sztuka	140 g	742 µg
Jeżyny	1 porcja	125 g	738 µg
Porzeczki czarne	1 porcja	100 g	680 µg
Porzeczki czerwone	1 porcja	100 g	600 µg
Inne			
Czarna herbata	1 łyżeczka d. h.	5 g	3670 µg

CYNK

Ilość zalecana przez dietetyków:
12 mg (kobiety), 15 mg (mężczyźni).
Ważny dla: Stabilności błony komórkowej oraz tworzenia się zasobów insuliny w organizmie.

Nazwa artykułu żywnościowego	Jednostka	Dozowanie	Ilość
Sery			
Camembert, 30% tłuszczu	1 porcja	30 g	1 mg
Chester, 50% tłuszczu	1 plasterek	30 g	1,2 mg
Edamski, 45% tłuszczu	1 plasterek	30 g	2,7 mg
Ementaler, 45% tłuszczu	1 plasterek	30 g	1,4 mg
Gouda, 45% tłuszczu	1 plasterek	30 g	1,2 mg

CYNK			
Nazwa artykułu żywnościowego	**Jednostka**	**Dozowanie**	**Ilość**
Tilsiter, 45% tłuszczu	1 porcja	30 g	1 mg
Ryby morskie			
Szprotki	1 porcja	150 g	2,25 mg
Ryby słodkowodne			
Sieja (sielawa)	1 porcja	150 g	1,8 mg
Szczupak	1 porcja	150 g	1,6 mg
Węgorz rzeczny	1 porcja	150 g	1,8 mg
Owoce morza			
Homar	1 porcja	100 g	1,6 mg
Krewetki	1 porcja	100 g	2,3 mg
Ostrygi	1 porcja (6 sztuk)	120 g	192 mg
Drób			
Kaczka	1 porcja	125 g	3,4 mg
Pierś z indyka	1 porcja	125 g	2,3 mg
Udo z indyka	1 porcja	125 g	3 mg
Mięso			
Cielęcina	1 porcja	125 g	3,8 mg
Kotlet cielęcy	1 porcja	125 g	2,9 mg
Nerki cielęce	1 porcja	125 g	2,3 mg
Pieczeń wołowa	1 porcja	125 g	3,1 mg
Polędwica jagnięca	1 porcja	125 g	2,9 mg
Polędwica wołowa	1 porcja	125 g	7,1 mg
Serce jagnięce	1 porcja	100 g	2,1 mg
Udziec jagnięcy	1 porcja	125 g	4,6 mg

Nazwa artykułu żywnościowego	Jednostka	Dozowanie	Ilość
		CYNK	
Udziec wieprzowy	1 porcja	125 g	3,3 mg
Udziec wołowy	1 porcja	125 g	4,1 mg
Wątroba wieprzowa	1 porcja	125 g	7,4 mg
Wątroba cielęca	1 porcja	125 g	11 mg
Wątroba jagnięca	1 porcja	125 g	5,4 mg
Wątroba wołowa	1 porcja	125 g	6,4 mg
Wieprzowina, kotlet	1 porcja	125 g	2,4 mg
Wołowina	1 porcja	125 g	5,3 mg
Zboża			
Jęczmień, ziarno	1 łyżka stołowa	16 g	0,5 mg
Kiełki pszenicy	1 łyżka stołowa	15 g	1,8 mg
Kukurydza, ziarno	1 łyżka stołowa	16 g	0,05 mg
Płatki owsiane	1 łyżka stołowa	10 g	0,4 mg
Pszenica, owies, ziarno	1 łyżka stołowa	16 g	0,7 mg
Pieczywo			
Bułeczki	1 sztuka	60 g	0,7 mg
Chleb pszenny, mieszany	1 kromka	30 g	1 mg
Chleb pszenny, pełnoziarnisty	1 kromka	40 g	0,8 mg
Chleb żytni	1 kromka	50 g	0,4 mg
Pieczywo chrupkie	1 kromka	10 g	0,3 mg
Warzywa strączkowe			
Fasola biała	1 porcja	80 g	2,2 mg
Fasola lima	1 porcja	100 g	3 mg

CYNK			
Nazwa artykułu żywnościowego	**Jednostka**	**Dozowanie**	**Ilość**
Groch żółty	1 porcja	100 g	3,8 mg
Soczewica	1 porcja	100 g	5 mg
Warzywa			
Brokuły	1 porcja	200 g	1,9 mg
Brukselka	1 porcja	200 g	1,7 mg
Pasternak	1 sztuka	80 g	0,7 mg

TABELA KALORII
OD A DO Z

Nazwa artykułu żywnościowego	Jednostka	Dozowanie	kcal	kJ
Agar – agar, wegetariański środek żelujący	1 łyżeczka d. h .	5 g	0	0
Agrest		100 g	58	243
Ajerkoniak	1 kieliszek	2 cl	64	269
Algi	1 porcja	30 g	6	29
Ananas	1 sztuka	500 g	291	1222
Ananas, konserwa	1 porcja	125 g	70	294
Ananas suszony	1 plasterek	50 g	35	147
Andruty	1 sztuka	1 g	1	4
Anyż	1 łyżeczka d. h.	3 g	11	45
Apricot Brandy	1 kieliszek	2 cl	70	294
Aquavit, 43 Vol. – %	1 kieliszek	2 cl	50	210
Arbuz	1 porcja	150 g	56	232
Arbuz	1 sztuka	800 g	296	1238
Aromat do ciasta (w olejku)	1 buteleczka	2 ml	6	25
Awokado	1 sztuka	225 g	477	1994
Azjatycka odmiana kminku	1 łyżeczka d. h.	3 g	13	54
Babka piaskowa	1 kawałek	70 g	308	1291
Babka z ciasta ubijanego	1 kawałek	70 g	275	1152
Bacardi	1 kieliszek	2 cl	50	209
Bagietka	1 kromka	15 g	40	167
Banany	1 sztuka	140 g	123	514
Banany gotowane		100 g	158	660
Banany gotowane	1 sztuka	250 g	395	1650
Banany jabłkowe	1 sztuka	50 g	50	210

Nazwa artykułu żywnościowego	Jednostka	Dozowanie	kcal	kJ
Banany na jarzynkę	1 porcja	200 g	315	1320
Banany suszone	1 sztuka	50 g	140	590
Baranina, biodrówka	1 porcja	125 g	245	1025
Baranina, kotlet	1 porcja	125 g	435	1820
Baranina, łopatka	1 porcja	125 g	360	1506
Baranina, pierś	1 porcja	125 g	475	1987
Baranina, polędwica	1 porcja	125 g	140	586
Baranina, sznycel	1 porcja	125 g	165	690
Baranina, udziec	1 porcja	125 g	295	1234
Bataty (słodkie ziemniaki)	1 porcja	200 g	270	1130
Baton marcepanowy	1 sztuka	75 g	345	1443
Bazylia świeża, siekana	1 łyżka stołowa	10 g	5	20
Bazylia suszona	1 łyżka stołowa	3 g	8	33
Bedłka (grzyb jadalny)	1 porcja	150 g	51	214
Bedłka suszona	1 porcja	25 g	77	322
Benedyktynka, 43 Vol. – %	1 kieliszek	2 cl	70	295
Beza (ciastko piankowe)	1 sztuka	25 g	70	293
Biała czekolada	1 kawałek	7 g	3	13
Biała fasola, sucha		100 g	300	1257
Biała fasola, w puszce	1 porcja	150 g	297	1243
Biała kapusta	1 porcja	200 g	48	202
Biała kapusta	1 sztuka	1200 g	281	1176
Biała rzodkiew	1 porcja	200 g	40	168
Biała rzodkiew	1 sztuka	50 g	10	42
Białe kiełbaski, hanowerskie	1 porcja	30 g	94	393
Białe kiełbaski, monachijskie	1 sztuka	75 g	229	959
Białko jajka	1 sztuka	37 g	18	76
Big Mac	1 sztuka	200 g	468	1960

Nazwa artykułu żywnościowego	Jednostka	Dozowanie	kcal	kJ
Biodrówka wieprzowa	1 porcja	125 g	195	815
Biojogurt, 3,5% tłuszczu	1 kubeczek	150 g	100	419
Biskwity	1 sztuka	5 g	14	60
Biskwity		100 g	288	1207
Biszkopty	1 sztuka	5 g	20	85
Biszkopty pełnoziarniste	1 sztuka	10 g	43	181
Bita śmietana	1 łyżka stołowa	15 g	47	194
Bita śmietana, 30% tłuszczu	1 kubeczek	200 g	620	2592
Bitter lemon	1 szklanka	0,2 l	176	737
Blok czekoladowy		100 g	550	2301
Boczek wieprzowy	1 porcja	125 g	619	2591
Boczek wieprzowy wędzony	1 porcja	125 g	366	1531
Boczek wieprzowy średnio tłusty	1 porcja	125 g	400	1675
Boczniaki (grzyby)	1 porcja	150 g	46	195
Borowiki (prawdziwki) świeże	1 porcja	150 g	36	149
Borowiki, suszone	1 porcja	25 g	68	285
Borówka brusznica	1 porcja	120 g	34	140
Borówki w puszce	1 porcja	40 g	48	201
Botwina	1 porcja	200 g	48	202
Botwina		100 g	24	101
Bób suchy	1 porcja	80 g	237	992
Bób świeży	1 porcja	200 g	178	744
Brandy, 40 Vol. – %	1 kieliszek	2 cl	44	184
Brązowy cukier	1 łyżeczka d. h.	10 g	38	160
Brązowy cukier		100 g	382	1599
Brokuły	1 sztuka	160 g	42	174
Brokuły mrożone	1 porcja	200 g	100	416
Brukiew gotowana		100 g	34	143

Nazwa artykułu żywnościowego	Jednostka	Dozowanie	kcal	kJ
Brukselka	1 porcja	200 g	76	318
Brukselka, gotowana, mrożona	1 porcja	200 g	128	540
Brzana (ryba)	1 porcja	150 g	155	650
Brzoskwinia	1 sztuka	115 g	49	205
Brzoskwinia suszona	1 sztuka	20 g	57	238
Brzoskwinie w puszce	1 porcja	125 g	103	428
Budyń czekoladowy	1 porcja	125 g	169	709
Budyń waniliowy	1 porcja	125 g	172	720
Bulgur (rodzaj kaszy) niegotowany		100 g	310	1300
Bulion granulowany	1 łyżka stołowa	12 g	18	74
Bulion instant	1 porcja	125 ml	185	775
Bulion, rosół wołowy	1 porcja	125 ml	50	208
Bułeczka maślana	1 sztuka	10 g	45	190
Bułeczki	1 sztuka	50 g	140	586
Bułeczki cebulaki	1 sztuka	50 g	127	532
Bułeczki z rodzynkami	1 sztuka	60 g	162	678
Bułeczki z sezamem	1 sztuka	50 g	142	594
Bułeczki żytnie	1 sztuka	60 g	126	529
Bułka z szynką	1 sztuka	60 g	167	701
Bułki pełnoziarniste (razowe)	1 sztuka	60 g	137	573
Bułki pełnoziarniste, z otrębami	1 sztuka	60 g	136	571
Bułki pełnoziarniste, z rodzynkami	1 sztuka	60 g	141	591
Bułki z mąki mieszanej	1 sztuka	50 g	180	753
Buraki	1 sztuka	150 g	56	231
Buraki, konserwowe, gotowane	1 słoik	0,4 l	96	404

Nazwa artykułu żywnościowego	Jednostka	Dozowanie	kcal	kJ
Buraki, odsączone	1 porcja	200 g	48	202
Buraki, zakwaszane	1 słoik	0,4 l	76	320
Bylica, świeża	1 łyżka stołowa	10 g	4	18
Calvados	1 kieliszek	2 cl	45	190
Campari	1 kieliszek	5 cl	56	234
Canneloni (włoskie kluseczki)	1 porcja	250 g	282	1180
Cappuccino	1 porcja	125 ml	50	210
Carissa (śliwka)	1 sztuka	10 g	5	21
Cassis	1 kieliszek	2 cl	65	272
Cebula	1 sztuka	37 g	12	50
Cebula suszona	1 łyżka stołowa	5 g	14	57
Cebula suszona, w proszku	1 łyżeczka d. h.	2 g	5	21
Cebulka dymka	1 pęczek	120 g	44	187
Cebulki perłowe w zalewie octowej	1 sztuka	5 g	2	8
Cebulki perłowe w zalewie octowej		100 g	39	162
Chała drożdżowa (bułka)	1 kromka	79 g	221	928
Chałwa		100 g	620	2595
Cheeseburger	1 sztuka	120 g	331	1388
Cherry Brandy	1 kieliszek	2 cl	68	285
Chipsy (chrupki) z orzesz-ków ziemnych	1 porcja	25 g	140	586
Chleb biały pszenny	1 kromka	30 g	87	364
Chleb cebulowy	1 kromka	40 g	84	354
Chleb chłopski, ciemny	1 kromka	50 g	95	397
Chleb ciemny	1 kromka	50 g	108	450
Chleb „Cztery zboża"	1 kromka	45 g	95	397
Chleb fiński	1 porcja	10 g	25	105

Nazwa artykułu żywnościowego	Jednostka	Dozowanie	kcal	kJ
Chleb graham	1 kromka	40 g	82	344
Chleb na zakwasie	1 kromka	50 g	126	525
Chleb pełnoziarnisty	1 kromka	40 g	89	374
Chleb pełnoziarnisty, z makiem	1 kromka	40 g	97	406
Chleb pełnoziarnisty, z siemieniem lnianym	1 kromka	40 g	96	402
Chleb pieczony na ruszcie, grzanki-kostki	1 sztuka	2 g	7	29
Chleb pszenny	1 kromka	50 g	122	509
Chleb słonecznikowy	1 kromka	40 g	95	397
Chleb sojowy	1 kromka	45 g	107	447
Chleb „Sześć zbóż"	1 kromka	45 g	95	397
Chleb świętojański		100 g	320	1339
Chleb świętojański		25 g	80	335
Chleb z kminkiem	1 kromka	40 g	88	370
Chleb z rodzynkami	1 kromka	30 g	81	338
Chleb z siemieniem lnianym	1 kromka	40 g	110	460
Chleb z szynką (kanapka)	1 kromka	50 g	93	390
Chleb żytni	1 kromka	25 g	108	453
Chleb żytni mieszany	1 kromka	50 g	100	418
Chleb żytnio-pszenny, z grubo mielonej mąki	1 kromka	50 g	111	463
Chlebowiec	1 sztuka	100 g	75	315
Chłodny budyń waniliowy, flammeri	1 porcja	180 g	162	678
Chrzan konserwowy	1 łyżeczka d. h.	10 g	4	17
Chrzan konserwowy	1 łyżka stołowa	25 g	10	42
Chrzan świeży, tarty	1 łyżeczka d. h.	5 g	3	13
Chrzan świeży, tarty	1 łyżka stołowa	15 g	9	38

Nazwa artykułu żywnościowego	Jednostka	Dozowanie	kcal	kJ
Chrzan ze śmietaną, gotowy produkt	1 łyżka stołowa	25 g	40	167
Ciasteczka z cukrem, z ciasta drożdżowego	1 sztuka	70 g	252	1054
Ciastko marmurkowe	1 sztuka	70 g	284	1190
Ciastko migdałowe	1 sztuka	60 g	310	1297
Ciastko z migdałami i miodem	1 sztuka	75 g	220	925
Ciastko z owocami (biszkopt z polewą i owocami)	1 sztuka	100 g	202	846
Ciastko z owocami z ciasta ubijanego	1 sztuka	100 g	212	889
Ciasto cytrynowe	1 kawałek	70 g	300	1255
Ciasto drożdżowe ze śliwkami	1 kawałek	100 g	178	745
Ciasto francuskie, mrożone	1 blaszka / blat	75 g	341	1428
Ciasto francuskie, mrożone	1 opakowanie	450 g	2048	8568
Ciasto francuskie z twarogiem	1 opakowanie	100 g	437	1831
Ciasto „Murzynek"	1 kawałek	10 g	44	182
Ciasto na pizzę, z mąki razowej	1 opakowanie	300 g	312	1305
Ciasto orzechowe z ciasta ubijanego	1 kawałek	70 g	315	1318
Cieciorka (groch włoski) sucha		100 g	381	1594
Cieciorka w puszce		100 g	104	436
Cielęcina, chuda	1 porcja	125 g	155	648
Coca-cola	1 puszka	0,33 l	145	607
Cointreau	1 kieliszek	2 cl	85	356
Comber (ciasto z masy biszkoptowej)	1 plasterek	5 g	197	822
Comber sarni	1 porcja	125 g	176	736
Cordon bleu	1 porcja	150 g	281	1172

Nazwa artykułu żywnościowego	Jednostka	Dozowanie	kcal	kJ
Cornflakes (płatki kukurydziane)	1 porcja	20 g	111	464
Cornflakes	1 łyżka stołowa	2 g	10	46
Crêpes (naleśniki)	1 porcja	125 g	276	1156
Crêpes Suzette (naleśniki z pomarańczami)	1 porcja	125 g	311	1304
Croissant (rogalik z ciasta francuskiego)	1 sztuka	45 g	185	773
Cukier biały	1 łyżeczka d. h.	5 g	20	84
Cukier biały	1 łyżka stołowa	15 g	59	245
Cukier biały		100 g	390	1634
Cukier brązowy	1 łyżeczka d. h.	5 g	19	81
Cukier brązowy	1 łyżka stołowa	15 g	58	243
Cukier brązowy		100 g	386	1617
Cukier dla diabetyków	1 łyżeczka d. h.	4 g	15	64
Cukier do smażenia konfitur		100 g	400	1674
Cukier gronowy	1 łyżeczka d. h.	5 g	23	98
Cukier gronowy	1 łyżka stołowa	15 g	78	327
Cukier kryształ, gruby	1 łyżka stołowa	25 g	100	418
Cukier owocowy (fruktoza)		100 g	390	1634
Cukier surowy (żółty, nierafinowany)		100 g	386	1617
Cukier w kostkach	1 sztuka	2 g	12	50
Cukierki miętowe	1 sztuka	5 g	21	87
Cukierki nadziewane z marcepanem	1 sztuka	5 g	25	100
Cukierki toffi	1 sztuka	5 g	24	98
Cukinia	1 porcja	200 g	38	156
Cukinia	1 sztuka	130 g	24	100
Cukinia gotowana, mrożona	1 porcja	200 g	102	426

Nazwa artykułu żywnościowego	Jednostka	Dozowanie	kcal	kJ
Curaçao blue	1 kieliszek	2 cl	75	314
Curry, sproszkowane	1 łyżeczka d. h.	5 g	10	40
Curuba (owoc tropikalny)	1 sztuka	100 g	25	105
Cykoria	1 główka	150 g	39	165
Cytryny	1 sztuka	60 g	27	113
Czarne jagody		100 g	35	148
Czarne jagody mrożone	1 porcja	125 g	168	707
Czarne jagody z cukrem	1 porcja	125 g	185	775
Czarny halibut	1 porcja	150 g	270	1133
Czarny halibut, wędzony	1 porcja	50 g	139	581
Czekolada dla diabetyków	1 kawałek	6 g	30	127
Czekolada gorzka		100 g	551	2306
Czekolada śmietankowa	1 sztuka	7 g	38	158
Czekolada śmietankowa z owocami (nadziewana)	1 kawałek	7 g	40	165
Czekolada w proszku	1 łyżeczka d. h.	4 g	16	67
Czekoladki	1 sztuka	8 g	50	209
Czekoladki „Kulki Mozarta"	1 sztuka	20 g	81	338
Czekoladki Negerkuss	1 sztuka	20 g	90	377
Czereśnie		100 g	60	253
Czereśnie	1 porcja	125 g	36	149
Czereśnie koktajlowe	1 sztuka	3 g	8	30
Czereśnie mrożone	1 porcja	125 g	133	556
Czerwona kapusta	1 porcja	200 g	46	196
Czerwona kapusta, mrożona, obgotowana	1 porcja	20 g	102	424
Czosnek	1 ząbek	5 g	6	25
Daiquiri	1 kieliszek	5 cl	85	356
Daktyle, suszone	1 sztuka	8 g	24	99

Nazwa artykułu żywnościowego	Jednostka	Dozowanie	kcal	kJ
Daktyle, świeże	1 sztuka	15 g	38	157
Doppelbock	1 butelka	0,5 l	295	1234
Doppelkorn, wódka dwukrotnie destylowana	1 kieliszek	2 cl	40	167
Dorsz	1 porcja	150 g	129	540
Dorsz		100 g	86	360
Dressing do sałatek roquefort	1 porcja	60 g	134	560
Drożdże	1 kostka	42 g	23	97
Drożdże suszone	1 łyżeczka d. h.	5 g	11	46
Dubonnet	1 kieliszek	5 cl	60	251
Dudki (płuca) cielęce	1 porcja	125 g	115	481
Duplo (batonik)	1 sztuka	18 g	100	418
Durian (owoc tropikalny)		100 g	90	377
Dynia	1 porcja	200 g	42	180
Dziki ryż, surowy	1 porcja	30 g	100	420
Dzikie owoce, kandyzowane		10 g	30	127
Escariol (rodzaj endywii)	1 porcja	100 g	17	71
Estragon suszony	1 łyżeczka d. h.	3 g	3	13
Estragon świeży	1 łyżeczka d. h.	5 g	2	8
Exportbier, piwo eksportowe	1 butelka	0,5 l	240	1000
Fanta	1 szklanka	0,2 cl	85	356
Fasola adzuki, sucha	1 porcja	60 g	170	715
Fasola kidney, sucha		100 g	304	1272
Fasola kidney, w puszce	1 puszka	0,33 l	660	2762
Fasola lima	1 porcja	200 g	230	966
Fasola lima		100 g	115	483
Fasola mamut, świeża	1 porcja	200 g	178	744
Fasola mamut, w puszce	1 porcja	200 g	116	482
Fasola mungo, surowa		100 g	40	168

Nazwa artykułu żywnościowego	Jednostka	Dozowanie	kcal	kJ
Fasola suszona	1 porcja	80 g	281	1178
Fasola urd, gotowana	1 porcja	100 g	105	439
Fasola wielokwiatowa, nieugotowana	1 porcja	100 g	385	1610
Fasola winna		100 g	387	1620
Fasola woskowa	1 porcja	200 g	66	278
Fasola woskowa, w puszce	1 porcja	200 g	42	180
Fasola yam		100 g	55	232
Fasola zielona, mrożona	1 porcja	200 g	116	486
Fasola zielona, świeża	1 porcja	200 g	60	248
Fasolka szparagowa, mrożona	1 opakowanie	300 g	85	360
Feta (ser owczy)	1 porcja	30 g	80	336
Figi	1 sztuka	48 g	32	133
Figi, suszone	1 sztuka	20 g	58	241
Figi, w puszce	1 porcja	125 g	120	500
Filet z dorsza, mrożony	1 porcja	300 g	245	1020
Filet z pstrąga, wędzony	1 sztuka	40 g	113	474
Filet ze śledzia matias	1 sztuka	80 g	50	207
Filety anchois	1 sztuka	50 g	15	63
Filety z soli	1 sztuka	70 g	99	414
Flądra (płaszczka)	1 porcja	150 g	141	588
Flądra	1 sztuka	375 g	229	963
Frykadelki	1 sztuka	125 g	211	886
Frykadelki rybne, pieczone	1 porcja	140 g	325	1358
Frytki	1 porcja	150 g	125	524
Galaretka na tort, w proszku	1 torebka	13 g	45	188
Galaretka owocowa	1 sztuka	10 g	34	142
Galaretka owocowa		100 g	340	1423

Nazwa artykułu żywnościowego	Jednostka	Dozowanie	kcal	kJ
Gałka muszkatołowa, tarta	1 łyżeczka d. h.	2 g	12	50
Gicz cielęca	1 porcja	150 g	203	849
Gin	1 kieliszek	2 cl	50	208
Gin z tonikiem	1 szklaneczka	0,2 l	170	715
Gin-Fizz (drink)	1 szklaneczka	0,2 l	140	590
Głóg (owoc dzikiej róży)		100 g	85	354
Głóg suszony	1 łyżka stołowa	15 g	14	56
Głowik (ryba)	1 porcja	100 g	89	374
Gnocchi (kluski włoskie)		100 g	360	1506
Golonka wieprzowa	1 porcja	250 g	500	2095
Golonka wieprzowa, średnio tłusta, świeża	1 porcja	250 g	500	2095
Gorzka czekolada	1 kawałek	7 g	37	154
Goździki korzennne	1 łyżeczka d. h.	3 g	13	54
Grand Marnier	1 szklanka	2 cl	70	295
Grejpfrut	1 sztuka	150 g	64	267
Grejpfrut	1 sztuka	250 g	80	335
Grejpfrut w puszce	1 porcja	125 g	101	426
Groch suchy		100 g	370	1549
Grog z cukrem	1 szklaneczka	4 cl	180	753
Groszek cukrowy		100 g	27	114
Groszek cukrowy, gotowany, mrożony	1 porcja	100 g	104	437
Groszek zielony	1 porcja	200 g	174	728
Groszek zielony, mrożony		100 g	122	511
Gruszki	1 sztuka	120 g	65	274
Gruszki w puszce	1 porcja	125 g	39	160
Gryka, pełne ziarno	1 łyżka stołowa	16 g	55	228
Grysik (kaszka)		100 g	358	1499

Nazwa artykułu żywnościowego	Jednostka	Dozowanie	kcal	kJ
Grysik	1 łyżka stołowa	10 g	36	150
Grysik pszenny (kasza manna)		100 g	358	1499
Grysik pszenny	1 łyżka stołowa	10 g	35	149
Grzyby chińskie, suszone	1 porcja	25 g	86	360
Grzyby czerwone koźlaki, suszone	1 porcja	50 g	84	352
Grzyby czerwone koźlaki, świeże	1 porcja	150 g	33	140
Grzyby kurki		100 g	18	76
Grzyby kurki konserwowe	1 porcja	150 g	15	63
Grzyby kurki suszone	1 porcja	25 g	75	312
Grzyby leśne	1 porcja	150 g	51	215
Grzyby shiitake		100 g	40	167
Grzyby shiitake, suszone		100 g	239	1230
Grzyby smardze, świeże		100 g	32	131
Gulasz wieprzowy	1 porcja	125 g	193	805
Gulasz z cielęciny	1 porcja	150 g	228	954
Gulasz z mięsa jagnięcego	1 porcja	150 g	261	1091
Gulasz z wołowiny, chudy	1 porcja	125 g	190	794
Gwajawa (owoc)	1 sztuka	80 g	34	140
Gwajawa w puszce	1 porcja	125 g	101	426
Gwiazdki cynamonowe		100 g	455	1907
Halibut	1 porcja	125 g	170	713
Hamburger	1 sztuka	120 g	322	1347
Herbatniki deserowe, z kruchego ciasta	1 sztuka	5 g	22	89
Homar	1 porcja	100 g	93	390
Ikra śledzia	1 łyżka stołowa	20 g	28	116

Nazwa artykułu żywnościowego	Jednostka	Dozowanie	kcal	kJ
Ikra śledzia		100 g	140	586
Ikra, świeża	1 porcja	100 g	138	577
Ikra z łososia	1 porcja	8 g	138	577
Imbir sproszkowany	1 łyżeczka d. h.	3 g	10	42
Indyk	1 porcja	125 g	195	820
Jabłka	1 sztuka	92 g	44	186
Jabłka w puszce	1 porcja	125 g	111	465
Jaboticaba' (owoc brazylijski)	1 sztuka	50 g	40	167
Jagody oliwnika		100 g	91	382
Jajecznica	1 porcja	125 g	244	1019
Jajecznica, ze słoniną / szynką	1 porcja	150 g	321	1344
Jajko	1 sztuka	60 g	101	422
Jajko kacze	1 sztuka	60 g	170	711
Jałowcówka (wódka)	1 kieliszek	2 cl	50	208
Jarmuż (kapusta pastewna)	1 sztuka	150 g	42	175
Jarmuż	1 porcja	200 g	60	250
Jarmuż, mrożony	1 porcja	200 g	108	456
Jarmuż, w puszce	1 porcja	125 g	36	154
Jazgarz (ryba)	1 porcja	150 g	176	737
Jesiotr świeży		100 g	106	445
Jeżyny	1 porcja	125 g	68	283
Jogurt, 3,5% tłuszczu	1 porcja	150 g	111	462
Jogurt śmietankowy, 10% tłuszczu	1 porcja	150 g	185	771
Jogurt z mleka chudego, 1,5% tłuszczu	1 porcja	15 g	77	318
Jogurt z pełnego mleka, 3,5% tłuszczu	1 porcja	15 g	111	462

Nazwa artykułu żywnościowego	Jednostka	Dozowanie	kcal	kJ
Jujuba (owoc azjatycki)		100 g	70	294
Kaczka pieczona	1 porcja	125 g	466	1953
Kakao instant	1 łyżeczka d. h.	5 g	15	63
Kakao instant	1 łyżka stołowa	15 g	40	167
Kakao z mlekiem	1 szklanka	0,2 l	156	652
Kalafior	1 porcja	200 g	42	178
Kalafior w sosie śmietanowym, mrożony	1 opakowanie	300 g	295	1235
Kalarepa surowa	1 porcja	150 g	39	164
Kalarepa surowa	1 sztuka	100 g	26	109
Kalmary		100 g	92	386
Kapary	1 łyżeczka d. h.	5 g	21	87
Kapary	1 łyżka stołowa	10 g	42	175
Kapusta kiszona, odsączona		100 g	20	84
Kapusta kiszona, winna, świeża	1 porcja	20 g	40	170
Kapusta młoda	1 porcja	200 g	48	202
Kapusta młoda	1 sztuka	780 g	187	782
Kapusta pekińska	1 porcja	200 g	22	92
Kapusta pekińska	1 sztuka	500 g	45	188
Kapusta włoska	1 porcja	200 g	64	270
Kapusta włoska	1 sztuka	780 g	250	1046
Karczochy	1 sztuka	120 g	61	258
Karczochy gotowane		100 g	22	92
Kark wieprzowy	1 porcja	125 g	317	1326
Karkówka wołowa	1 porcja	125 g	275	1151
Karmelki	1 sztuka	7 g	28	116
Karmelki śmietankowe	1 sztuka	6 g	26	108
Karp	1 porcja	150 g	192	804

Nazwa artykułu żywnościowego	Jednostka	Dozowanie	kcal	kJ
Kasza owsiana	1 łyżka stołowa	15 g	39	165
Kasza perłowa	1 łyżka stołowa	20 g	60	250
Kasza perłowa		100 g	352	1474
Kasza pszenna	1 łyżka stołowa	15 g	56	235
Kaszanka krwista	1 porcja	30 g	108	450
Kaszka kukurydziana		100 g	367	1535
Kaszka kukurydziana	1 łyżka stołowa	10 g	37	154
Kasztany jadalne (marony)	1 porcja / 8 sztuk	160 g	270	1134
Kasztany jadalne	1 porcja	125 g	216	905
Kasztany jadalne w zalewie octowej		100 g	169	709
Kasztany wodne		100 g	80	335
Kawa bezkofeinowa instant	1 łyżeczka d. h.	5 g	7	29
Kawa Inka (kawa z cykorii)	1 łyżka stołowa	15 g	50	207
Kawa instant	1 łyżeczka d. h.	5 g	9	38
Kawa ze śmietanką i alkoholem	1 filiżanka	0,2 l	265	1109
Kawior prawdziwy	1 porcja	5 g	14	60
Keczup curry	1 łyżka stołowa	15 g	16	67
Kefir, 1,5% tłuszczu	1 porcja	150 g	102	424
Keks	1 kromka	50 g	165	695
Keksy dla diabetyków	1 sztuka	7 g	29	121
Keksy (herbatniki) maślane	1 sztuka	5 g	20	90
Keksy owsiane	1 sztuka	5 g	20	85
Kiełbasa (mielonka z kolendrą)	1 porcja	30 g	113	473
Kiełbasa cielęca	1 plasterek	30 g	88	368
Kiełbasa krakowska	1 plasterek	15 g	41	173
Kiełbasa metka	1 porcja	30 g	104	433
Kiełbasa metka, gotowana	1 porcja	30 g	94	393

Nazwa artykułu żywnościowego	Jednostka	Dozowanie	kcal	kJ
Kiełbasa mortadela	1 porcja	30 g	108	451
Kiełbasa mortadela z przyprawami	1 plasterek	30 g	110	460
Kiełbasa myśliwska	1 porcja	30 g	80	334
Kiełbasa myśliwska, chuda	1 porcja	25 g	23	94
Kiełbasa pasztetowa, chuda	1 porcja	30 g	82	344
Kiełbasa pasztetowa, tłusta	1 porcja	30 g	119	498
Kiełbasa piwna	1 porcja	30 g	85	350
Kiełbasa swojska	1 sztuka	120 g	447	1872
Kiełbasa szynkowa, gruba	1 plasterek	25 g	62	261
Kiełbasa szynkowa z przyprawami	1 plasterek	25 g	53	220
Kiełbasa wiejska, pieczona	1 kawałek	150 g	576	2409
Kiełbasa wiejska, wędzona	1 porcja	25 g	91	381
Kiełbasa wiśniowa	1 porcja	30 g	120	498
Kiełbasa z rusztu	1 sztuka	100 g	390	1631
Kiełbaski curry	1 sztuka	150 g	550	2302
Kiełbaski frankfurterki	1 sztuka	150 g	429	1794
Kiełbaski w puszce	1 sztuka	80 g	209	875
Kiełbaski wiedeńskie	1 sztuka	80 g	250	1049
Kiełki fasoli świeże	1 porcja	50 g	35	150
Kiełki pszenicy	1 łyżka stołowa	15 g	55	232
Kiełki zbożowe	1 porcja	30 g	22	97
Kiełki zbożowe		100 g	73	304
Kiełki żyta	1 porcja	10 g	39	162
Kiwano (rodzaj melona)		100 g	24	101
Kiwi	1 sztuka	45 g	26	108
Klementynki	1 sztuka	30 g	14	58
Kluski bez jajka		100 g	354	1484

Nazwa artykułu żywnościowego	Jednostka	Dozowanie	kcal	kJ
Kluski bez jajka, gotowane	1 porcja	200 g	286	1198
Kluski drożdżowe surowe	1 sztuka	90 g	265	1109
Kluski z ciasta drożdżowego	1 porcja	90 g	325	1365
Kluski z ciasta drożdżowego, ugotowane na parze	1 sztuka	120 g	114	475
Kluski z grysiku pszennego (kaszy manny)	1 porcja	35 g	128	537
Kluski z grysiku pszennego, gotowane	1 porcja	200 g	294	1228
Kluski z mąki razowej, gotowane	1 porcja	200 g	274	1146
Kluski z mąki razowej, niegotowane	1 porcja	35 g	120	501
Kłącze imbiru		10 g	5	20
Kminek	1 łyżeczka d. h.	3 g	11	46
Knedle wątrobiane	1 sztuka	100 g	160	668
Knedle z ciasta drożdżowego, mrożone	1 sztuka	150 g	512	2144
Knedle z mąki pszennej	1 sztuka	100 g	148	619
Knedle ze śliwkami	1 sztuka	60 g	104	434
Knedle ze słoniną	1 sztuka	60 g	33	138
Koktajl owocowy w puszce	1 porcja	125 g	114	475
Kompot z jabłek	1 porcja	125 g	100	415
Kompot ze świeżych owoców	1 porcja	125 g	100	420
Koncentrat cytrynowy	1 łyżka stołowa	15 g	25	103
Konfitura z moreli	1 porcja	20 g	52	220
Konfitura z pigwy	1 łyżeczka d. h.	10 g	29	119
Konfitura z pigwy	1 łyżka stołowa	20 g	57	239
Konfitura z pomarańczy	1 porcja	20 g	52	220
Konfitura z wiśni	1 łyżeczka d. h.	10 g	27	113
Konfitury truskawkowe	1 porcja	30 g	52	218

Nazwa artykułu żywnościowego	Jednostka	Dozowanie	kcal	kJ
Konfitury z czereśni	1 łyżeczka d. h.	10 g	27	113
Konfitury z dzikiej róży	1 łyżeczka d. h.	10 g	28	116
Konfitury z dzikiej róży	1 łyżka stołowa	20 g	55	231
Konfitury z jagód	1 łyżeczka d. h.	10 g	26	112
Konfitury z malin	1 łyżeczka d. h.	10	25	103
Konfitury z porzeczek	1 łyżeczka d. h.	10 g	26	108
Konfitury ze śliwek	1 łyżeczka d. h.	10 g	27	112
Koniak	1 kieliszek	2 cl	49	205
Koper mrożony	1 łyżka stołowa	5 g	4	15
Koper suszony	1 łyżka stołowa	3 g	9	37
Koper świeży, siekany	1 łyżka stołowa	6 g	3	14
Koper włoski	1 sztuka	135	36	153
Korniszony, konserwa	1 sztuka	5 g	1	4
Korzeń pietruszki	1 sztuka	35 g	7	29
Kotlet cielęcy	1 porcja	150 g	231	966
Kotlet wieprzowy, chudy	1 porcja	150 g	234	978
Kotlet z mięsa jagnięcego	1 porcja	125 g	276	1158
Kotlety wegetariańskie	1 opakowanie	250 g	783	3278
Koźlaki	1 porcja	150 g	38	159
Kraby morskie	1 porcja	50 g	53	221
Kraby mrożone	1 porcja	100 g	105	441
Kraby świeże	1 porcja	100 g	105	441
Kraby z Morza Północnego		100 g	105	441
Krążek jabłka, suszony	1 sztuka	3 g	9	37
Krem cytrynowy	1 porcja	125 g	180	751
Krem orzechowo-czekoladowy do smarowania	1 łyżka stołowa	20 g	105	440
Krem z orzeszków ziemnych	1 łyżka stołowa	20 g	135	564

Nazwa artykułu żywnościowego	Jednostka	Dozowanie	kcal	kJ
Krem z winem	1 porcja	125 g	190	795
Krewetki, oczyszczone		100 g	90	377
Krokiety	1 sztuka	25 g	44	184
Kruche ciasteczka	1 sztuka	15 g	75	315
Kruche ciasteczka kokosowe	1 sztuka	10 g	31	131
Kruche ciasteczka migdałowe	1 sztuka	10 g	40	169
Kruche ciasteczka, wyciskane	1 sztuka	60 g	144	605
Kruche ciasto ze śliwkami	1 porcja	120 g	262	1093
Krwawa kiszka, (wątrobianka)	1 porcja	30 g	120	502
Kukurydza		100 g	351	1471
Kukurydza cukrowa		100 g	104	437
Kukurydza cukrowa, konserwowa		100 g	90	375
Kukurydza cukrowa, mrożona		100 g	142	593
Kukurydza konserwowa		100 g	110	460
Kulki rumowe	1 sztuka	20 g	83	348
Kumkwat (owoc tropikalny)	1 sztuka	10 g	6	25
Kura rosołowa świeża	1 porcja	250 g	287	1203
Kurczak pieczony	1 porcja	200 g	496	2080
Kurczak z grilla	1 porcja	250 g	862	3607
Kurkuma	1 łyżeczka d. h.	3 g	11	45
Kuropatwa	1 porcja	125 g	308	1289
Kuropatwa	1 sztuka	500 g	1230	5146
Kuskus, nieugotowany		100 g	43	182
Kwaśna śmietana, 10% tłuszczu	1 łyżka stołowa	25 g	30	126
Kwaśna śmietana, 18% tłuszczu	1 łyżka stołowa	25 g	47	196
Kwaśna śmietana, 10% tłuszczu	1 łyżeczka d. h.	12 g	15	63

Nazwa artykułu żywnościowego	Jednostka	Dozowanie	kcal	kJ
Kwaśna śmietana, 18% tłuszczu	1 łyżeczka d. h.	12 g	23	96
Kwaśna śmietana, 20% tłuszczu	1 łyżeczka d. h.	12 g	26	107
Kwaśna śmietana, 20% tłuszczu	1 łyżka stołowa	25 g	53	223
Kwaśna śmietana, 30% tłuszczu	1 łyżeczka d. h.	12 g	36	150
Kwaśna śmietana, 30% tłuszczu	1 łyżka stołowa	25 g	75	313
Kwaśna śmietana, 40% tłuszczu	1 łyżeczka d. h.	12 g	51	215
Kwaśna śmietana, 40% tłuszczu	1 łyżka stołowa	25 g	107	449
Kwiaty muszkatołowca (macis)	1 łyżeczka d. h.	2 g	8	33
Labskaus (marynarska potrawa z mięsa, ryby, ziemniaków i ogórków)	1 porcja	250 g	420	1755
Langusty	1 porcja	100 g	95	397
Lasagne, surowa		100 g	360	1506
Laska wanilii	1 sztuka	3 g	8	34
Lecytyna	1 łyżka stołowa	15 g	139	584
Lecytyna sojowa	1 łyżka stołowa	15 g	139	584
Legumina z ciasta zawijanego	1 kawałek	100 g	261	1091
Lemoniada cytrynowa	1 szklanka	0,2 l	60	252
Leszcz	1 porcja	150 g	194	810
Licz (gatunek chińskich owoców)	1 sztuka	18 g	13	54
Licz w puszce	1 porcja	125 g	119	499
Likier ziołowy	1 kieliszek	2 cl	60	250
Limande (gatunek flądry)	1 sztuka	266 g	229	960

Nazwa artykułu żywnościowego	Jednostka	Dozowanie	kcal	kJ
Limonki	1 sztuka	60 g	19	80
Lin gotowany	1 porcja	150 g	185	770
Lin surowy	1 sztuka	225 g	198	828
Liście laurowe	1 liść	1 g	1	4
Liście nori	1 sztuka	10 g	4	17
Liście selera suszone	1 łyżka stołowa	3 g	9	37
Liście selera świeże, siekane	1 łyżka stołowa	8 g	2	8
Lody domowe z mleka	1 porcja	75 g	115	481
Lody owocowe	1 porcja	75 g	100	421
Lody śmietankowe	1 porcja	75 g	150	630
Lody waniliowe	1 porcja	75 g	98	412
Lubczyk ogrodowy świeży, siekany	1 łyżeczka d. h.	3 g	1	4
Lukrecja	1 sztuka	3 g	12	50
Lukrecja (korzeń)		10 g	35	149
Łodyga rabarbaru	1 sztuka	125 g	19	76
Łój barani	1 porcja	10 g	316	1320
Łopatka cielęca	1 porcja	150 g	231	966
Łopatka wołowa	1 porcja	125 g	298	1244
Łosoś	1 porcja	150 g	332	1386
Łosoś, konserwa w oleju	1 porcja	50 g	96	402
Łosoś morski	1 porcja	150 g	135	566
Łosoś, wędzony	1 porcja	50 g	158	659
Madera	1 szklaneczka	0,2 l	342	1428
Majonez, 80% tłuszczu	1 łyżeczka d. h.	4 g	31	131
Majonez, 80% tłuszczu	1 łyżka stołowa	12 g	94	393
Majonez sałatkowy, 50% tłuszczu	1 łyżka stołowa	12 g	40	169
Majonez twarogowy	1 porcja	15 g	61	255

Nazwa artykułu żywnościowego	Jednostka	Dozowanie	kcal	kJ
Mak		100 g	536	2244
Makaron	1 porcja	35 g	120	503
Makaron nitki		100 g	366	1534
Makaron z mąki ryżowej, surowy	1 porcja	50 g	80	335
Makowiec, ciasto drożdżowe	1 sztuka	100 g	324	1356
Makrela	1 porcja	150 g	302	1263
Makrela	1 sztuka	600 g	1206	5046
Makrela w puszce, w oleju	1 porcja	90 g	300	1256
Makrela wędzona	1 sztuka	375 g	1099	4598
Malaga (słodkie wino)	1 szklaneczka	5 cl	59	247
Maliny, mrożone	1 porcja	125 g	106	445
Maliny, świeże	1 porcja	125 g	44	185
Maliny z cukrem	1 porcja	125 g	123	515
Maltoza (cukier słodowy)	1 łyżeczka d. h.	5 g	20	82
Małże jadalne	1 porcja	100 g	84	350
Małże Wenus, świeże	1 porcja	100 g	85	355
Małże Wenus, w puszce	1 porcja	50 g	123	513
Mandarynki	1 sztuka	30 g	14	58
Mandarynki, w puszce	1 porcja	125 g	105	439
Mango	1 sztuka	190 g	135	564
Mangostane (owoc tropikalny)		100 g	57	239
Marakuja	1 sztuka	25 g	13	53
Marasehino (likier z wiśni dalmatyńskich)	1 kieliszek	2 cl	70	295
Marchewka	1 sztuka	41 g	12	50
Marchewka		100 g	28	117
Marchewka, obgotowana, mrożona	1 porcja	125 g	82	344

Nazwa artykułu żywnościowego	Jednostka	Dozowanie	kcal	kJ
Margaryna dietetyczna	1 porcja	10 g	70	295
Margaryna półtłusta		100 g	377	1578
Margaryna roślinna		100 g	763	3194
Marmolada agrestowa	1 łyżka stołowa	20 g	54	228
Marmolada dla diabetyków	1 łyżeczka d. h.	5 g	7	30
Mars	1 baton	60 g	275	1150
Martini	1 szklaneczka	6 cl	150	630
Masa marcepanowa, surowa		10 g	55	229
Mascarpone, 80% tłuszczu		50 g	200	837
Masło	1 łyżeczka d. h.	5 g	38	159
Masło	1 łyżka stołowa	15 g	114	479
Masło	1 porcja	20 g	152	636
Masło		100 g	764	3197
Masło orzechowe	1 łyżeczka d. h.	5 g	32	132
Masło orzechowe	1 łyżka stołowa	15 g	96	402
Masło półtłuste	1 łyżeczka d. h.	5 g	20	83
Masło półtłuste	1 łyżka stołowa	20 g	79	331
Masło półtłuste		100 g	396	1656
Masło topione	1 łyżka stołowa	10 g	92	384
Masło topione		100 g	916	3836
Masło z ziołami	1 łyżka stołowa	10 g	75	310
Masło z ziołami	1 porcja	20 g	150	628
Masło z ziołami		100 g	750	3138
Masło ziołowe	1 łyżeczka d. h.	5 g	34	142
Masło ziołowe	1 łyżka stołowa	20 g	136	569
Maślaki	1 porcja	150 g	29	129
Maślanka	1 szklanka	0,2 l	72	304
Maślanka z owocami	1 szklanka	0,2 l	156	654

Nazwa artykułu żywnościowego	Jednostka	Dozowanie	kcal	kJ
Mąka gryczana	1 łyżka stołowa	20 g	70	293
Mąka gryczana		100 g	351	1470
Mąka jaglana	1 łyżka stołowa	10 g	36	152
Mąka jaglana		100 g	364	1525
Mąka jęczmienna	1 łyżka stołowa	10 g	33	140
Mąka knedlowa	1 łyżka stołowa	12 g	42	177
Mąka knedlowa		100 g	353	1476
Mąka kukurydziana	1 łyżka stołowa	10 g	36	151
Mąka kukurydziana		100 g	355	1487
Mąka owsiana	1 łyżka stołowa	20 g	80	335
Mąka owsiana		100 g	400	1674
Mąka pełnoziarnista, żytnia (mąka razowa)		100 g	300	1256
Mąka razowa, pszenna	1 łyżka stołowa	10 g	33	140
Mąka razowa, pszenna		100 g	333	1396
Mąka razowa, żytnia	1 łyżka stołowa	10 g	30	125
Mąka ryżowa	1 łyżka stołowa	10 g	36	150
Mąka ryżowa		100 g	359	1501
Mąka sojowa	1 łyżka stołowa	15 g	36	150
Mąka sojowa		100 g	240	1003
Mąka, typ 1050	1 łyżka stołowa	10 g	35	146
Mąka, typ 405	1 łyżka stołowa	10 g	36	152
Mąka, typ 405		100 g	364	1523
Mąka, typ 550	1 łyżka stołowa	10 g	35	146
Mąka, typ 550		100 g	356	1490
Mąka, typ1050		100 g	355	1487
Mąka z fasoli yam	1 łyżka stołowa	20 g	80	330
Mąka z ziaren młodej pszenicy	1 łyżka stołowa	10 g	36	149

Nazwa artykułu żywnościowego	Jednostka	Dozowanie	kcal	kJ
Mąka z ziaren młodej pszenicy		100 g	360	1506
Mąka z ziaren młodej pszenicy, śrutowana 1700 (śruta pszenna)	1 łyżka stołowa	10 g	35	148
Mąka żytnia, typ 1150	1 łyżka stołowa	10 g	33	137
Mąka żytnia, typ 1150		100 g	328	1374
Mąka żytnia, typ 815	1 łyżka stołowa	10 g	32	133
Mąka żytnia, typ 815		100 g	317	1327
Mątwa świeża	1 porcja	150 g	106	443
Medalion cielęcy		100 g	107	448
Melisa cytrynowa, świeża, siekana	1 łyżeczka d. h.	3 g	1	4
Melon cukrowy	1 porcja	200 g	64	264
Melon cukrowy	1 sztuka	310 g	96	400
Melon kantalup	1 sztuka	100 g	52	218
Melon miodowy	1 sztuka	300 g	96	399
Metka cebulowa	1 porcja	30 g	142	596
Metka, gruba	1 porcja	25 g	102	426
Metka delikatesowa	1 porcja	25 g	128	538
Metka szynkowa	1 plasterek	25 g	113	471
Mielonka panierowana w tartym, żółtym serze	1 porcja	15 g	467	1952
Mielonka śniadaniowa	1 plasterek	35 g	225	945
Mieszanka grzybów leśnych	1 puszka	425 g	302	1264
Mieszanka jarzynowa mrożona	1 porcja	200 g	88	368
Mieszanka owocowa, owoce kandyzowane		10 g	270	1130
Mieszanka studencka	1 porcja	30 g	146	610
„Mieszanka studencka" (orzeszki, migdały i rodzynki)		100 g	485	2032

Nazwa artykułu żywnościowego	Jednostka	Dozowanie	kcal	kJ
Mieszanka ziołowa, siekana	1 łyżka stołowa	7 g	10	42
Mięso bażanta	1 porcja	125 g	196	820
Mięso indyka ze skórą	1 porcja	125 g	206	864
Mięso jelenia	1 porcja	125 g	179	750
Mięso kaczki	1 porcja	125 g	308	1288
Mięso łosia	1 porcja	100 g	130	545
Mięso mielone cielęce		100 g	103	431
Mięso mielone, wieprzowe	1 porcja	125 g	339	1420
Mięso mielone mieszane (wołowo-wieprzowe)		100 g	251	1053
Mięso mielone wieprzowe		100 g	271	1136
Mięso mielone wołowe		100 g	190	798
Mięso na gulasz, mieszane	1 porcja	30 g	79	330
Mięso wędzone	1 plasterek	10 g	20	84
Mięso z dzikiego królika	1 porcja	125 g	156	656
Mięso z gęsi ze skórą	1 porcja	125 g	490	2051
Mięso z królika	1 porcja	125 g	214	898
Mięso z młodej indyczki	1 porcja	125 g	176	738
Mięso z przepiórki	1 porcja	100 g	161	672
Mięso z raka	1 porcja	100 g	75	314
Mięso z renifera	1 porcja	125 g	160	668
Mięso z sarny (sarnina)	1 porcja	125 g	146	611
Mięso z zająca	1 porcja	125 g	160	673
Mięta pieprzowa świeża, siekana	1 łyżeczka d. h.	3 g	1	4
Migdały słodkie	1 łyżka stołowa	13 g	80	335
Migdały słodkie		100 g	616	2577
Migdały słodkie, prażone	1 łyżka stołowa	13 g	85	354
Migdały solone	1 opakowanie	100 g	1192	4988

Nazwa artykułu żywnościowego	Jednostka	Dozowanie	kcal	kJ
Milky-Way	1 batonik	30 g	135	565
Miód leśny	1 łyżeczka d. h.	20 g	60	252
Miód leśny		100 g	305	1277
Miód pszczeli	1 łyżeczka d. h.	10 g	31	132
Miód pszczeli	1 łyżka stołowa	20 g	62	263
Miodownik (piernik)	1 kawałek	70 g	253	1058
Mirabelki	1 sztuka	4 g	2	8
Mirabelki, w puszce	1 porcja	125 g	116	486
Miso, przecier sojowy		100 g	206	865
Mleczko do kawy instant	1 łyżka stołowa	3 g	20	80
Mleko chude, 0,3% tłuszczu	1 szklanka	0,2 l	74	306
Mleko kokosowe		0,1 l	25	104
Mleko kozie	1 szklanka	125 g	91	381
Mleko pełne, w proszku	1 łyżka stołowa	10 g	51	214
Mleko pitne, 0,3% tłuszczu	1 szklanka	0,2 l	70	293
Mleko pitne, 1,5% tłuszczu	1 szklanka	0,2 l	94	393
Mleko pitne, 3,5% tłuszczu	1 szklanka	0,2 l	128	536
Mleko skondensowane, 4% tłuszczu	1 łyżeczka d. h.	5 g	6	25
Mleko skondensowane, 7,5% tłuszczu	1 łyżeczka d. h.	5 g	7	29
Mleko skondensowane, 10% tłuszczu	1 łyżeczka d. h.	5 g	9	38
Mleko sojowe	1 szklanka	0,2 l	260	1090
Mniszek		100 g	43	179
„Mon Cheri", czekoladki	1 sztuka	10 g	50	209
Morela suszona	1 sztuka	5 g	13	56
Morele	1 sztuka	45 g	22	93
Mortadela	1 porcja	30 g	93	390

Nazwa artykułu żywnościowego	Jednostka	Dozowanie	kcal	kJ
Mortadela drobiowa	1 porcja	30 g	60	250
Mortadela, oryginalna włoska, chuda	1 plasterek	25 g	71	298
Mortadela panierowana w tartym, żółtym serze	1 porcja	125 g	333	1390
Móżdżek cielęcy	1 porcja	125 g	135	565
Móżdżek wieprzowy	1 porcja	100 g	137	572
Móżdżek wołowy	1 porcja	100 g	139	584
Müsli	1 porcja	50 g	199	834
Müsli, z owocami i orzechami	1 porcja	50 g	199	834
Müsli, z suszonymi owocami	1 porcja	50 g	176	737
Mus czekoladowy	1 porcja	125 g	435	1823
Mus jabłkowy	1 porcja	125 g	56	271
Mus migdałowy	1 łyżeczka d. h.	5 g	35	146
Mus migdałowy	1 łyżka stołowa	15 g	105	439
Mus orzechowy	1 łyżka stołowa	20 g	121	508
Mus śliwkowy	1 łyżka stołowa	20 g	43	183
Mus z orzeszków ziemnych	1 łyżka stołowa	10 g	61	256
Musztarda łagodna	1 łyżeczka d. h.	5 g	4	17
Musztarda ostra	1 łyżeczka d. h.	5 g	4	17
Musztarda słodka	1 łyżeczka d. h.	5 g	4	17
Nalewka malinowa	1 kieliszek	2 cl	50	208
Nalewka rumowa	1 porcja	50 g	78	325
Nashi (owoc tropikalny)	1 sztuka	100 g	42	176
Nasiona alfalfa	1 porcja	35 g	10	42
Nasiona gorczycy żółtej	1 łyżeczka d. h.	4 g	19	81
Nasiona kopru włoskiego, suszone	1 łyżeczka d. h.	3 g	11	48

Nazwa artykułu żywnościowego	Jednostka	Dozowanie	kcal	kJ
Nasiona łubinu		10 g	45	190
Natka pietruszki świeża, siekana	1 łyżka stołowa	6 g	2	8
Nektar ananasowy	1 szklanka	0,2 l	108	448
Nektar brzoskwiniowy	1 szklanka	0,2 l	76	320
Nektar gruszkowy	1 szklanka	0,2 l	74	314
Nektar pomarańczowy	1 szklanka	0,2 l	86	358
Nektar z czarnych porzeczek	1 szklanka	0,2 l	86	358
Nektar z owoców passiflory	1 szklanka	0,2 l	82	344
Nektar z wiśni	1 szklanka	0,2 l	96	404
Nektar ze śliwek	1 szklanka	0,2 l	92	387
Nektarynki	1 sztuka	15 g	69	290
Nerki cielęce (cynaderki)	1 porcja	125 g	158	661
Nerki jagnięce	1 porcja	125 g	133	556
Nerki wieprzowe	1 porcja	125 g	145	605
Nerki wołowe	1 porcja	125 g	154	645
Nesquik	1 kopiata łyżeczka d. h.	5 g	20	84
Nesquik	1 kopiata łyżka stołowa	15 g	55	235
Nugat (surowa masa)	1 porcja	12 g	64	269
Nugat	1 porcja	25 g	59	248
Nutella	1 łyżeczka d. h.	10 g	52	218
Oberżyna	1 sztuka	210 g	46	191
Obwarzanki	1 sztuka	50 g	150	630
Ocet	1 łyżka stołowa	15 g	2	8
Ocet owocowy	1 łyżeczka d. h.	5 g	1	4
Ocet owocowy	1 łyżka stołowa	15 g	2	10
Ocet winny	1 łyżka stołowa	15 g	2	8
Ocet ziołowy	1 łyżeczka d. h.	5 g	1	4

Nazwa artykułu żywnościowego	Jednostka	Dozowanie	kcal	kJ
Ocet ziołowy	1 łyżka stołowa	15 g	3	12
Ogony wołowe	1 porcja	100 g	196	820
Ogórecznik suszony	1 łyżka stołowa	3 g	10	40
Ogórecznik świeży, siekany	1 łyżka stołowa	5 g	1	4
Ogórek kiszony	1 sztuka	70 g	4	17
Ogórek zielony, sałatkowy	1 sztuka	270 g	28	119
Ogórki konserwowe	1 sztuka	50 g	5	21
Ogórki musztardowe, konserwowe	1 sztuka	5 g	5	21
Ogórki w occie, korniszony	1 sztuka	50 g	5	21
Ogórki w occie, na gorzko		100 g	17	71
Okoń	1 porcja	150 g	134	558
Okoń czerwony	1 porcja	150 g	176	737
Okoń czerwony, wędzony	1 porcja	50 g	96	403
Okoń rzeczny	1 sztuka	225 g	207	866
Olej lniany	1 łyżeczka d. h.	5 g	46	194
Olej lniany	1 łyżka stołowa	12 g	111	465
Olej palmowy	1 łyżka stołowa	12 g	110	460
Olej sezamowy	1 łyżka stołowa	15 g	124	519
Olej słonecznikowy	1 łyżeczka d. h.	5 g	45	188
Olej słonecznikowy	1 łyżka stołowa	15 g	135	564
Olej słonecznikowy		100 g	898	3757
Olej sojowy	1 łyżeczka d. h.	5 g	46	193
Olej sojowy	1 łyżka stołowa	15 g	135	565
Olej z kiełków kukurydzy	1 łyżeczka d. h.	5 g	46	194
Olej z kiełków kukurydzy	1 łyżka stołowa	12 g	111	466
Olej z kiełków pszenicy	1 łyżka stołowa	12 g	111	465
Olej z orzechów włoskich	1 łyżka stołowa	12 g	111	465
Olej z orzeszków ziemnych	1 łyżka stołowa	15 g	83	347

Nazwa artykułu żywnościowego	Jednostka	Dozowanie	kcal	kJ
Olej z ostu	1 łyżka stołowa	15 g	111	464
Oleje roślinne 30%–60%	1 łyżka stołowa	12 g	111	464
Oleje roślinne utwardzane	1 łyżka stołowa	12 g	92	387
Oliwa z oliwek	1 łyżeczka d. h.	5 g	46	194
Oliwa z oliwek	1 łyżka stołowa	12 g	111	465
Oliwki, zielone lub czarne, w zalewie	1 porcja	25 g	36	150
Oliwki, zielone lub czarne, w zalewie	1 sztuka	5 g	7	29
Omlet	1 sztuka	200 g	472	1972
Oregano suszone	1 łyżka stołowa	3 g	10	42
Oregano suszone	1 łyżeczka d. h.	1 g	3	13
Oregano świeże, siekane	1 łyżka stołowa	7 g	4	17
Orkisz mielony		100 g	382	1599
Orkisz pełne ziarno		100 g	369	1545
Orzech kokosowy	1 sztuka	300 g	1128	4720
Orzechy cashew	1 łyżka stołowa	15 g	90	376
Orzechy cashew	1 porcja	30 g	180	753
Orzechy cashew		100 g	599	2509
Orzechy cashew, solone	1 porcja	30 g	143	598
Orzechy hikory	1 porcja	25 g	181	758
Orzechy hikory, solone	1 porcja	25 g	172	722
Orzechy laskowe		100 g	660	2761
Orzechy laskowe, mielone	1 łyżka stołowa	20 g	132	552
Orzechy macadamian		10 g	70	295
Orzechy para, orzechy brazylijskie (*Bertholetia excelsa*)		100 g	688	2880
Orzechy pecan		100 g	750	3140
Orzechy pecan	1 sztuka	8 g	60	251
Orzechy pecan, solone	1 porcja	40 g	286	1196

Nazwa artykułu żywnościowego	Jednostka	Dozowanie	kcal	kJ
Orzechy włoskie		100 g	281	1178
Orzechy włoskie, mielone	1 łyżka stołowa	20 g	56	236
Orzeszki ziemne		100 g	606	2536
Orzeszki ziemne, prażone		100 g	619	2591
Orzeszki ziemne, solone	1 porcja	30 g	182	758
Ośmiornica		100 g	73	307
Ostrygi	1 porcja (6 sztuk)	120 g	90	378
Ostrygi	1 sztuka	20 g	15	63
Otręby pszenne	1 łyżka stołowa	5 g	10	42
Otręby ryżowe	1 łyżka stołowa	10 g	40	165
Ouzo, 38 Vol. -%	1 kieliszek	2 cl	40	167
Owies, całe ziarna		100 g	381	1594
Owoc granatu	1 sztuka	125 g	95	397
Owoc kaki	1 sztuka	180 g	124	522
Owoc kaki w puszce	1 porcja	125 g	121	508
Owoc kaktusa	1 sztuka	100 g	35	150
Owoc passiflory	1 sztuka	25 g	13	53
Owoce morza	1 porcja	100 g	191	800
Owoce passiflory, w puszce	1 porcja	125 g	109	455
Owoce południowe, kandyzowane		10 g	270	1130
Ozorki jagnięce	1 porcja	125 g	271	1134
Ozorki wieprzowe	1 porcja	125 g	306	1282
Ozorki wieprzowe, peklowane	1 porcja	125 g	401	1682
Ozory cielęce	1 porcja	125 g	175	732
Ozory cielęce, peklowane	1 porcja	125 g	253	1056
Ozory wołowe	1 porcja	125 g	283	1181
Ozory wołowe, peklowane	1 porcja	125 g	375	1573

Nazwa artykułu żywnościowego	Jednostka	Dozowanie	kcal	kJ
Ozory wołowe, pokrojone	1 porcja	30 g	67	281
Pałacowa szynka	1 porcja	150 g	174	728
Paluszki rybne, mrożone	1 sztuka	30 g	54	228
Panierka	1 łyżka stołowa	15 g	57	238
Panierka / bułka do panierowania		100 g	379	1586
Papaja	1 sztuka	140 g	46	192
Papaja w puszce	1 porcja	125 g	95	398
Papryka	1 sztuka	100 g	21	85
Papryka chili	1 sztuka	10 g	4	17
Papryka nadziewana mielonym mięsem, gotowy produkt	1 porcja	250 g	313	1305
Papryka różana	1 łyżeczka d. h.	3 g	10	42
Papryka różana	1 szczypta	1 g	3	13
Papryka słodka	1 łyżeczka d. h.	3 g	10	42
Papryka sproszkowana	1 łyżeczka d. h.	3 g	8	33
Papryka sproszkowana	1 szczypta	1 g	3	13
Parmezan tarty, 40% tłuszczu	1 łyżka stołowa	20 g	82	345
Parówki	1 sztuka	125 g	380	1591
Pasta anchois	1 łyżeczka d. h.	15 g	20	84
Pasta z sardeli	1 łyżeczka d. h.	5 g	14	60
Pasternak (warzywo)	1 sztuka	80 g	48	198
Pasztet mięsny, nietłusty	1 porcja	30 g	55	230
Pasztet paryski	1 porcja	30 g	75	313
Pasztet wegetariański	1 porcja	30 g	73	305
Pasztet z jelenia	1 plasterek	30 g	88	370
Pasztet z wątróbek gęsich	1 porcja	30 g	81	339
Pasztet z wątróbki	1 plasterek	30 g	116	487
Pasztetowa chuda	1 porcja	30 g	82	344

Nazwa artykułu żywnościowego	Jednostka	Dozowanie	kcal	kJ
Pasztetowa cielęca	1 porcja	30 g	134	563
Pączki	1 sztuka	60 g	200	839
Pędy bambusa, w puszce	1 porcja	150 g	30	123
Pędy bambusa		100 g	19	80
Pędy (kiełki) fasoli mungo		100 g	41	170
Pędy lucerny (alfalfa)	1 porcja	30 g	10	40
Pędy lucerny (alfalfa)		100 g	32	134
Pędy soi	1 porcja	100 g	63	265
Pektyny	1 opakowanie	500 g	1680	7030
Perliczka, mięso ze skórą	1 porcja	125 g	209	875
Persipan (substytut marcepana)		100 g	471	1971
Persipan, surowa masa		100 g	553	2314
Pestki dyni	1 łyżka stołowa	15 g	92	384
Pestki słonecznika	1 łyżka stołowa	15 g	71	294
Pestki słonecznika, prażone	1 łyżka stołowa	15 g	74	311
Physalis (owoc tropikalny)	1 sztuka	10 g	6	25
Pianka czekoladowa	1 porcja	125 g	435	1824
Pieczarki konserwowe	1 puszka	425 g	51	213
Pieczarki łąkowe		100 g	30	126
Pieczarki świeże	1 porcja	150 g	25	109
Pieczeń z jagnięciny	1 porcja	125 g	300	1256
Pieczeń z jelenia	1 porcja	125 g	209	874
Pieczona kiełbasa	1 kawałek	150 g	575	2403
Pieczone jabłko	1 sztuka	120 g	158	663
Pieczone ziemniaki	1 porcja	200 g	392	1642
Pieczywo chrupkie	1 kromka	10 g	32	134
Pieczywo chrupkie, lekkie	1 kromka	7 g	19	78

Nazwa artykułu żywnościowego	Jednostka	Dozowanie	kcal	kJ
Pieczywo chrupkie z sezamem	1 kromka	10 g	34	142
Pieczywo chrupkie z ziarnami zbóż	1 kromka	10 g	32	134
Pieczywo chrupkie, żytnie	1 kromka	10 g	32	134
Pieczywo dla diabetyków	1 sztuka	100 g	470	1969
Pieczywo tostowe	1 kromka	25 g	68	285
Pieczywo tostowe pszenne, ze śruty pszennej	1 kromka	10 g	116	484
Pieczywo tostowe, z mąki razowej	1 kromka	40 g	22	91
Pieczywo z ciasta francuskiego drożdżowego	1 sztuka	8 g	230	962
Pieprz biały	1 łyżeczka d. h.	4 g	13	53
Pieprz biały	1 szczypta	1 g	3	13
Pieprz czarny	1 łyżeczka d. h.	4 g	11	46
Pieprz czarny	1 szczypta	1 g	3	13
Pieprz zielony ziarnisty	1 łyżeczka d. h.	4 g	13	53
Pieprzyca (nasturcja)	1 opakowanie	20 g	6	25
Pierniki	1 sztuka	30 g	105	441
Pierogi gotowane	1 porcja	250 g	411	1720
Pierogi z mięsem		100 g	135	565
Pierś kurczęcia	1 porcja	125 g	237	992
Pierś kury	1 porcja	125 g	210	878
Pierś z gęsi, wędzona		100 g	190	795
Pierś z indyka	1 porcja	125 g	149	623
Pierś z indyka, pieczona	1 porcja	125 g	186	778
Pigwa	1 sztuka	60 g	26	107
Pikle słodko-kwaśne		100 g	1	4
Pikling wędzony	1 porcja	125 g	305	1279

Nazwa artykułu żywnościowego	Jednostka	Dozowanie	kcal	kJ
Pinole (nasiona pinii)	1 łyżeczka d. h.	5 g	32	134
Pinole (nasiona pinii)	1 łyżka stołowa	15 g	96	401
Pistacje	1 łyżeczka d. h.	5 g	31	131
Pistacje		100 g	625	2615
Pistacje prażone		100 g	649	2718
Pistacje prażone i solone		100 g	595	2491
Piwo bezalkoholowe	1 butelka	0,33 l	92	382
Piwo ciemne	1 butelka	0,5 l	235	987
Piwo dla diabetyków	1 butelka	0,33 l	107	448
Piwo jasne	1 butelka	0,5 l	218	913
Piwo leżakowe, jasne	1 butelka	0,5 l	220	920
Piwo mocne	1 butelka	0,5 l	290	1210
Piwo pszenne	1 butelka	0,5 l	200	837
Piwo słodowe	1 butelka	0,33 l	162	673
Pizza	1 porcja	300 g	285	1191
Płastuga	1 porcja	150 g	141	588
Płatki jaglane (z prosa)	1 łyżka stołowa	15 g	56	234
Płatki jęczmienne	1 łyżka stołowa	16 g	35	145
Płatki owsiane	1 łyżka stołowa	10 g	61	255
Płatki owsiane z owocami	1 porcja	90 g	319	1333
Płatki pełnoziarniste	1 łyżka stołowa	15 g	58	241
Płatki pszenne	1 porcja	10 g	35	148
Płatki pszenne, z mąki razowej	1 łyżka stołowa	12 g	43	177
Płatki z kiełkami żyta	1 porcja	10 g	39	162
Płatki z otrębów owsianych	1 łyżka stołowa	10 g	30	130
Płatki ziemniaczane	1 opakowanie	250 g	880	3682
Płatki żytnie	1 porcja	10 g	32	133
Podgardle (wołowe)		100 g	658	2754

Nazwa artykułu żywnościowego	Jednostka	Dozowanie	kcal	kJ
Podpłomyki (pieczywo)	1 sztuka	150 g	305	1278
Podpłomyki pszenne	1 sztuka	150 g	305	1278
Podpłomyki z mąki kukurydzianej	1 sztuka	150 g	362	1514
Podstawa do tortu, z kruchego ciasta	1 sztuka	375 g	1729	7234
Polędwica cielęca	1 porcja	125 g	158	658
Polędwica jagnięca, chuda	1 porcja	125 g	195	818
Polędwica wieprzowa, chuda	1 porcja	125 g	195	815
Polędwica wołowa, chuda	1 porcja	125 g	193	804
Polenta	1 porcja	200 g	70	294
Polewa półgorzka	1 opakowanie	200 g	816	3414
Pomarańcze	1 sztuka	145 g	68	286
Pomarańcze	1 sztuka	80 g	39	163
Pomarańcze		100 g	47	197
Pomidory	1 sztuka	62 g	12	48
Pomidory		100 g	19	78
Popcorn (prażona kukurydza)	1 porcja	50 g	163	683
Popcorn	1 łyżka stołowa	15 g	8	33
Por	1 sztuka	100 g	30	128
Porter (angielskie piwo ciemne)	1 szklanka	0,2 l	78	330
Portulaka		100 g	17	71
Portwein	1 kieliszek	4 cl	332	1390
Porzeczki białe		100 g	37	157
Porzeczki białe, mrożone		100 g	87	364
Porzeczki czarne		100 g	58	242
Porzeczki czarne, mrożone		100 g	105	438
Porzeczki czerwone		100 g	45	189
Porzeczki czerwone, mrożone		100 g	94	392

Nazwa artykułu żywnościowego	Jednostka	Dozowanie	kcal	kJ
Porzeczki w cukrze	1 porcja	125 g	233	980
Potrawa z soczewicy ze słoniną	1 talerz	250 g	295	1230
Praliny, nadziewane z marcepanem	1 sztuka	12 g	64	267
Precel (obwarzanek)	1 sztuka	45 g	126	527
Proso, całe ziarno		100 g	323	1351
Proszek cytrynowy	1 łyżeczka d. h.	2 g	1	4
Proszek do pieczenia	1 łyżeczka d. h.	5 g	5	21
Proszek jajeczny, całe jajko	1 łyżka stołowa	15 g	36	151
Proszek jajeczny, żółtko jajka	1 łyżka stołowa	15 g	70	290
Przecier daktylowy	1 łyżka stołowa	10 g	28	115
Przecier pomidorowy	1 łyżka stołowa	15 g	7	29
Przyprawa do chleba (mieszanka ziołowa)	1 torebka	15 g	55	230
Przyprawa do ciasta	1 torebka	15 g	49	205
Pstrąg	1 porcja	150 g	174	728
Pstrąg	1 sztuka	185 g	217	907
Pstrąg strumieniowy	1 sztuka	185 g	217	907
Pszenica, pełne ziarno	1 łyżka stołowa	16 g	52	218
Ptysie z bitą śmietaną	1 sztuka	150 g	383	1599
Pudding czekoladowy	1 porcja	125 g	168	708
Pudding grysikowy	1 porcja	125 g	155	649
Pudding waniliowy	1 porcja	125 g	172	720
Pularda, mięso ze skórą	1 porcja	125 g	326	1368
Pularda, mięso ze skórą	1 sztuka	925 g	2414	10100
Pumpernikiel	1 kromka	30 g	57	238
Rabarbar gotowany, bez cukru	1 porcja	125 g	19	76

Nazwa artykułu żywnościowego	Jednostka	Dozowanie	kcal	kJ
Ragoût fin (rodzaj potrawki)	1 porcja	200 g	177	744
Ragoût z dziczyzny	1 porcja	125 g	170	711
Ragoût z jelenia	1 porcja	125 g	116	486
Raja (ryba)		100 g	98	410
Rak rzeczny	1 porcja	100 g	79	330
Rambutan (owoc tropikalny)		100 g	64	269
Ravioli wegetariańskie	1 porcja	275 g	250	1046
Ravioli z mięsem i sosem pomidorowym	1 porcja	275 g	273	1143
Rekin, świeży	1 porcja	150 g	130	544
Remoulade (rodzaj sosu)	1 łyżka stołowa	12 g	75	313
Remoulade	1 porcja	7 g	45	190
Renkloda w puszce	1 porcja	125 g	114	474
„Rocher", praliny	1 sztuka	12 g	75	310
Rodzynki	1 łyżeczka d. h.	7 g	40	167
Rodzynki	1 łyżka stołowa	10 g	26	109
Rolada mięsno-wątrobiana	1 porcja	125 g	394	1650
Rolada mięsno-wątrobiana, smażona	1 plasterek	125 g	361	1510
Rolada wieprzowa	1 porcja	125 g	231	966
Rolada wołowa, chuda	1 porcja	150 g	228	953
Rolmopsy, śledzie zwijane	1 sztuka	125 g	267	1118
Rolmopsy	1 porcja	125 g	91	383
Rosół z kury, instant	1 filiżanka	125 g	102	427
Rozmaryn świeży, siekany	1 łyżeczka d. h.	3 g	2	8
Rożki (rogaliki) waniliowe	1 sztuka	5 g	25	106
Rożki orzechowe z kruchego ciasta	1 sztuka	100 g	540	2259
Rukiew wodna	1 porcja	50 g	8	32
Rum, 38 Vol. -%	1 kieliszek	2 cl	47	195

Nazwa artykułu żywnościowego	Jednostka	Dozowanie	kcal	kJ
Rum, 54 Vol. -%	1 kieliszek	2 cl	74	310
Rum, 80 Vol. -%	1 kieliszek	2 cl	134	561
Rydze suszone	1 porcja	25 g	49	205
Rydze świeże	1 porcja	150 g	35	146
Ryż curry, danie gotowe	1 porcja	125 g	80	333
Ryż dmuchany	1 porcja	30 g	198	827
Ryż dmuchany, prażony z cukrem	1 porcja	30 g	205	857
Ryż gotowany	1 porcja	100 g	122	511
Ryż łuskany, gotowany	1 porcja	100 g	86	361
Ryż łuskany, surowy	1 porcja	35 g	128	537
Ryż na mleku	1 porcja	125 g	85	356
Ryż niełuskany, surowy	1 porcja	35 g	124	521
Rzeżucha ogrodowa	1 pudełeczko	30 g	8	33
Rzodkiew biała	1 sztuka	450 g	45	188
Rzodkiew czarna	1 sztuka	450 g	45	188
Rzodkiew czerwona	1 sztuka	450 g	45	188
Rzodkiewki	1 sztuka	8 g	1	4
Sacharyna	1 łyżeczka d. h.	3 g	2	8
Sacharyna	1 sztuka	1 g	1	4
Sago (mączka skrobiowa)		100 g	345	1443
Salami	1 plasterek	5 g	22	94
Salami szynkowe	1 plasterek	25 g	112	468
Salami z mięsa jagnięcego	1 porcja	25 g	115	483
Sałata endywia	1 porcja	125 g	20	83
Sałata endywia	1 sztuka	290	46	194
Sałata głowiasta	1 sztuka	160 g	21	90
Sałata lodowa	1 porcja	50 g	16	68
Sałata lodowa	1 sztuka	300 g	97	405

Nazwa artykułu żywnościowego	Jednostka	Dozowanie	kcal	kJ
Sałata Lollo bianco	1 sztuka	250 g	8	33
Sałata Lollo rosso		100 g	4	17
Sałata Lollo rosso	1 sztuka	250 g	9	38
Sałata polna	1 porcja	50 g	8	32
Sałata polna		100 g	65	272
Sałata zielona	1 porcja	50 g	10	42
Sałata zielona	1 sztuka	160 g	32	134
Sałatka morska z alg, surowa		100 g	223	937
Sałatka owocowa	1 porcja	150 g	80	332
Sałatka z białej kapusty, z dressingiem	1 porcja	100 g	83	348
Sałatka z białej kapusty, z olejem	1 porcja	100 g	70	293
Sałatka z makaronu		100 g	145	609
Sałatka z pokrzywy (bez dressingu)		100 g	48	202
Sałatka z selera, w puszce	1 porcja	125 g	15	65
Sałatka z selera, z dressingiem	1 porcja	100 g	206	861
Sałatka z tuńczyka	1 porcja	100 g	254	1064
Sałatka z wędliną, z olejem	1 porcja	100 g	304	1274
Salceson biały, głowizna	1 plasterek	30 g	82	342
Salceson ozorkowy	1 plasterek	30 g	116	490
Salceson ozorkowy, jasny	1 plasterek	30 g	86	359
Salceson włoski	1 plasterek	30 g	82	342
Sandacz	1 porcja	150 g	142	594
Sangria	1 kieliszek	0,2 l	200	837
Sangrita	1 kieliszek	5 cl	20	84
Sardele w oleju		100 g	80	335
Sardynka świeża	1 porcja	125 g	191	800

Nazwa artykułu żywnościowego	Jednostka	Dozowanie	kcal	kJ
Sardynka wędzona	1 sztuka	25 g	59	249
Sardynki w oleju	1 sztuka	25 g	75	313
Scampi (kraby z Morza Śródziemnego)		100 g	112	470
Scampi	1 sztuka	10 g	11	47
Sękacz	1 kawałek	70 g	300	1255
Seler korzeniowy	1 sztuka	600 g	138	577
Seler korzeniowy		100 g	23	97
Seler naciowy	1 porcja	200 g	30	124
Seler naciowy		100 g	21	88
Ser Bavaria-Blue, 70% tłuszczu	1 porcja	30 g	140	580
Ser biały Boursin	1 porcja	30 mg	123	516
Ser biały, 10% tłuszczu	1 porcja	30 g	25	104
Ser biały, 40% tłuszczu	1 porcja	30 g	48	200
Ser biały, 50% tłuszczu	1 porcja	30 g	91	380
Ser biały, 60% tłuszczu	1 porcja	30 g	107	450
Ser biały, 70% tłuszczu	1 porcja	30 g	113	471
Ser biały twarogowy, 60% tłuszczu	1 porcja	30 g	106	444
Ser biały twarogowy 75% tłuszczu (Robiola)	1 porcja	30 g	98	410
Ser biały twarogowy z ziołami, 10% tłuszczu	1 porcja	30 g	25	104
Ser biały twarogowy z ziołami, 30% tłuszczu	1 porcja	30 g	32	134
Ser biały twarogowy z ziołami, 40% tłuszczu	1 porcja	30 g	46	193
Ser biały twarogowy z ziołami, 60% tłuszczu	1 porcja	30 g	102	426

Nazwa artykułu żywnościowego	Jednostka	Dozowanie	kcal	kJ
Ser biały śmietankowy	1 porcja	30 g	86	360
Ser brie, 45% tłuszczu	1 porcja	30 g	90	376
Ser brie, 50% tłuszczu	1 porcja	30 g	106	446
Ser brie, 60% tłuszczu	1 porcja	30 g	116	487
Ser Cambozola, 65% tłuszczu	1 porcja	30 g	123	515
Ser Camembert pieczony	1 porcja	100 g	268	1122
Ser Camembert, 30% tłuszczu	1 porcja	30 g	70	291
Ser Camembert, 45% tłuszczu	1 porcja	30 g	91	381
Ser Camembert, 50% tłuszczu	1 porcja	30 g	100	420
Ser Camembert, 60% tłuszczu	1 porcja	30 g	120	503
Ser cheddar, 50% tłuszczu	1 plasterek	30 g	123	515
Ser chester, 50% tłuszczu	1 plasterek	30 g	120	502
Ser Cottage Cheese		100 g	105	439
Ser Danablu, 60% tłuszczu	1 plasterek	30 g	115	481
Ser Danboe, 45% tłuszczu	1 plasterek	30 g	105	439
Ser edamski, 45% tłuszczu	1 plasterek	30 g	111	466
Ser Ementaler, 45% tłuszczu	1 plasterek	30 g	125	522
Ser Gorgonzola, 50% tłuszczu	1 porcja	30 g	110	460
Ser gotowany, 10% tłuszczu	1 porcja	30 g	33	140
Ser gotowany, 20% tłuszczu	1 porcja	30 g	42	177
Ser gotowany, 40% tłuszczu	1 porcja	30 g	62	261
Ser Gouda, 30% tłuszczu	1 plasterek	30 g	80	340
Ser Gouda, 45% tłuszczu	1 plasterek	30 g	110	460
Ser Gouda, 50% tłuszczu	1 plasterek	30 g	115	485

Nazwa artykułu żywnościowego	Jednostka	Dozowanie	kcal	kJ
Ser górski, 50% tłuszczu	1 plasterek	30 g	125	520
Ser Gruyère, 45% tłuszczu	1 plasterek	30 g	125	520
Ser Harzer	1 porcja	30 g	44	183
Ser Limburger, 20% tłuszczu	1 porcja	30 g	63	263
Ser Limburger, 40% tłuszczu	1 porcja	30 g	88	366
Ser Limburger, 50% tłuszczu	1 porcja	30 g	102	426
Ser Liptauer		100 g	327	1368
Ser Mainzer, 0,5% tłuszczu		100 g	133	556
Ser Mainzer, 0,5% tłuszczu	1 porcja	30 g	40	170
Ser miękki, 30% tłuszczu	1 porcja	30 g	70	291
Ser miękki, 40% tłuszczu	1 porcja	30 g	88	367
Ser miękki, 45% tłuszczu	1 porcja	30 g	90	367
Ser miękki, 50% tłuszczu	1 porcja	30 g	100	418
Ser miękki, 60% tłuszczu	1 porcja	30 g	117	488
Ser miękki, 70% tłuszczu	1 porcja	30 g	130	545
Ser miękki, typu camembert, 20% tłuszczu	1 porcja	30 g	60	251
Ser mozzarella	1 porcja	125 g	346	1448
Ser Münster, 30% tłuszczu	1 porcja	30 g	80	334
Ser Münster, 45% tłuszczu	1 porcja	30 g	95	395
Ser Münster, 50% tłuszczu	1 porcja	30 g	101	424
Ser norweski, 45% tłuszczu	1 porcja	30 g	108	452
Ser owczy	1 porcja	30 g	80	336
Ser Pecorino	1 porcja	30 g	111	462
Ser Pecorino tarty	1 łyżka stołowa	10 g	37	154
Ser pleśniowy, 50% tłuszczu	1 porcja	30 g	112	468
Ser Port-Salut, 50% tłuszczu	1 porcja	30 g	112	467
Ser Provolone, 45% tłuszczu	1 porcja	30 g	109	458
Ser Provolone, 50% tłuszczu	1 porcja	30 g	119	496

Nazwa artykułu żywnościowego	Jednostka	Dozowanie	kcal	kJ
Ser Raclette, 45% tłuszczu	1 porcja	30 g	131	546
Ser Romadur, 20% tłuszczu	1 porcja	30 g	60	251
Ser Romadur, 40% tłuszczu	1 porcja	30 g	89	372
Ser Romadur, 50% tłuszczu	1 porcja	30 g	101	424
Ser Romadur, 60% tłuszczu	1 porcja	30 g	121	506
Ser Roquefort	1 porcja	30 g	116	485
Ser Stangenkase, 60% tłuszczu	1 porcja	30 g	121	506
Ser Stilton	1 porcja	30 g	146	611
Ser szwajcarski Appenzelller, 50% tłuszczu	1 porcja	30 g	125	522
Ser śmietankowy, 45% tłuszczu	1 plasterek	30 g	109	458
Ser śmietankowy, 50% tłuszczu	1 plasterek	30 g	100	420
Ser topiony, 12% tłuszczu	1 porcja	30 g	66	276
Ser topiony, 45% tłuszczu	1 porcja	30 g	95	400
Ser topiony, 60% tłuszczu	1 porcja	30 g	106	443
Ser trapistów, 45% tłuszczu	1 porcja	30 g	110	461
Ser trapistów, 50% tłuszczu	1 porcja	30 g	119	497
Ser twardy, 45% tłuszczu	1 plasterek	30 g	125	522
Ser twardy, 50% tłuszczu	1 plasterek	30 g	131	548
Ser twardy, 50% tłuszczu	1 porcja	30 g	119	498
Ser twardy Monterey, 50% tłuszczu	1 porcja	30 g	119	490
Ser twardy, żółty 30% tłuszczu	1 plasterek	30 g	115	480
Ser twarogowy Ricotta, 45% tłuszczu	1 porcja	30 g	43	183
Ser twarogowy Ricotta, 60% tłuszczu	1 porcja	30 g	55	231

Nazwa artykułu żywnościowego	Jednostka	Dozowanie	kcal	kJ
Ser twarogowy Ricotta, 70% tłuszczu	1 porcja	30 g	57	239
Ser Weisslacker, 40% tłuszczu	1 porcja	30 g	86	360
Ser Weisslacker, 50% tłuszczu	1 porcja	30 g	104	434
Ser winny, 45% tłuszczu	1 porcja	30 g	94	394
Ser winny, 60% tłuszczu	1 porcja	30 g	121	506
Ser z kminkiem, 45% tłuszczu	1 porcja	30 g	90	377
Ser z kminkiem, 50% tłuszczu	1 porcja	30 g	119	497
Ser z kwaśnego mleka, 10% tłuszczu	1 porcja	30 g	44	183
Ser żółty, 45% tłuszczu	1 plasterek	30 g	111	466
Ser żółty, 40% tłuszczu	1 plasterek	30 g	101	422
Ser żółty, 30% tłuszczu	1 plasterek	30 g	83	350
Ser żółty, 50% tłuszczu	1 plasterek	30 g	116	483
Serca cielęce	1 porcja	150 g	195	819
Serca cielęce		100 g	130	546
Serca wieprzowe		100 g	116	486
Serca wołowe		100 g	136	569
Serwatka	1 szklanka	0,2 l	44	183
Serwolatka (kiełbasa)	1 porcja	25 g	102	427
Sezam	1 łyżeczka d. h.	4 g	24	99
Sezam	1 łyżka stołowa	12 g	71	297
Sezam		100 g	591	2475
Sherry cream	1 szklanka	0,1 l	142	593
Sherry medium	1 szklanka	0,1 l	121	508
Sherry wytrawne	1 szklanka	0,1 l	118	496
Sieja świeża	1 sztuka	375 g	266	1114
Sieja świeża	1 porcja	150 g	160	669

Nazwa artykułu żywnościowego	Jednostka	Dozowanie	kcal	kJ
Siemię lniane	1 łyżeczka d. h.	4 g	20	84
Siemię lniane	1 łyżka stołowa	12 g	60	252
Skórka cytrynowa	1 łyżeczka d. h.	3 g	3	13
Skrobia kukurydziana	1 łyżeczka d. h.	3 g	11	46
Skrobia kukurydziana	1 łyżka stołowa	10 g	36	151
Skrobia pszenna	1 łyżka stołowa	10 g	36	152
Skrobia ryżowa	1 łyżka stołowa	10 g	36	151
Skrobia ziemniaczana	1 łyżeczka d. h.	3 g	11	46
Skrobia ziemniaczana	1 łyżka stołowa	10 g	36	152
Skrobia ziemniaczana	1 łyżka stołowa	12 g	42	177
Skwarki		100 g	182	762
Słodkie kartofle, gotowane		100 g	105	441
Słone ciasteczka	1 sztuka	50 g	183	766
Słone paluszki	1 sztuka	2 g	7	29
Słonina	1 plasterek	30 g	179	751
Słonina wieprzowa, wędzona	1 plasterek	30 g	121	505
Smalec gęsi	1 łyżka stołowa	20 g	142	594
Smalec wieprzowy		100 g	948	3970
Smocznik (ryba)	1 porcja	150 g	120	504
Soczewica gotowana, w puszce	1 porcja	250 g	540	2258
Soczewica, sucha		100 g	327	1371
Soja, Lunja		100 g	70	293
Soja suchy produkt		100 g	372	1559
Soja świeża		100 g	152	636
Soja w puszce	1 porcja	50 g	56	234
Sok ananasowy	1 szklanka	0,2 l	78	326
Sok bananowy	1 szklanka	0,2 l	74	310
Sok brzoskwiniowy	1 szklanka	0,2 l	74	314

Nazwa artykułu żywnościowego	Jednostka	Dozowanie	kcal	kJ
Sok cytrynowy	1 łyżka stołowa	15 g	5	21
Sok czereśniowy	1 szklanka	0,2 l	76	320
Sok jabłkowy	1 szklanka	0,2 l	114	477
Sok jabłkowy, zagęszczony	1 łyżka stołowa	20 g	55	225
Sok malinowy	1 szklanka	0,2 l	54	224
Sok marchwiowy	1 szklanka	0,2 l	28	114
Sok morelowy	1 szklanka	0,2 l	120	500
Sok pomarańczowy	1 szklanka	0,2 l	74	306
Sok pomidorowy	1 szklanka	0,2 l	44	184
Sok warzywny	1 szklanka	0,2 l	56	236
Sok z agrestu	1 szklanka	0,2 l	68	284
Sok z białych winogron	1 szklanka	0,2 l	60	254
Sok z borówek	1 szklanka	0,2 l	60	248
Sok z buraków	1 szklanka	0,2 l	46	190
Sok z buraków, zagęszczony	1 łyżka stołowa	2 cl	15	63
Sok z czereśni	1 szklanka	0,2 l	45	185
Sok z czerwonej porzeczki	1 szklanka	0,2 l	66	274
Sok z czerwonych winogron	1 szklanka	0,2 l	60	254
Sok z granatów	1 szklanka	0,2 l	95	397
Sok z grejpfruta	1 szklanka	0,2 l	76	322
Sok z gruszek	1 szklanka	0,2 l	56	238
Sok z gwajawy	1 szklanka	0,2 l	54	228
Sok z jagód	1 szklanka	0,2 l	72	304
Sok z jagód oliwnika	1 szklanka	0,2 l	104	438
Sok z jeżyn	1 szklanka	0,2 l	72	304
Sok z kiszonej kapusty	1 kubeczek	0,2 l	36	154
Sok z kiwi	1 szklanka	0,2 l	72	304
Sok z limonek	1 łyżeczka d. h.	5 g	2	8

Nazwa artykułu żywnościowego	Jednostka	Dozowanie	kcal	kJ
Sok z limonek	1 łyżka stołowa	15 g	5	21
Sok z liczi	1 szklanka	0,2 l	82	346
Sok z mandarynek	1 szklanka	0,2 l	74	306
Sok z mango	1 szklanka	0,2 l	78	330
Sok z mango, zagęszczony	1 łyżka stołowa	20 g	12	50
Sok z marakui	1 szklanka	0,2 l	46	196
Sok z marchwi	1 szklanka	0,2 l	28	117
Sok z melona cukrowego	1 szklanka	0,2 l	76	316
Sok z nektarynek	1 szklanka	0,2 l	74	314
Sok z owoców passiflory	1 szklanka	0,2 l	46	196
Sok z papai	1 szklanka	0,2 l	66	274
Sok z pokrzywy	1 szklanka	0,2 l	25	100
Sok z rabarbaru	1 szklanka	0,2 l	52	216
Sok z truskawek	1 szklanka	0,2 l	70	292
Sok z wiśni	1 szklanka	0,2 l	78	326
Sok ze śliwek	1 szklanka	0,2 l	74	314
Sok ze śliwek węgierek	1 szklanka	0,2 l	74	314
Sola	1 sztuka	260 g	247	1032
Sorbet cytrynowy	1 porcja	75 g	113	470
Sorbit	1 łyżeczka d. h.	5 g	12	50
Sos barbecue	1 łyżka stołowa	15 g	20	84
Sos cebulowy	1 porcja	60 g	35	149
Sos cumberland	1 łyżka stołowa	20 g	61	255
Sos czekoladowy	1 łyżka stołowa	15 g	10	42
Sos do dziczyzny	1 porcja	60 g	28	115
Sos do szaszłyków	1 porcja	20 g	13	56
Sos jogurtowy do sałatek	1 łyżka stołowa	15 g	18	77
Sos myśliwski	1 porcja	60 ml	35	145

Nazwa artykułu żywnościowego	Jednostka	Dozowanie	kcal	kJ
Sos pomidorowy, włoski	1 porcja	60 g	28	119
Sos sojowy	1 łyżka stołowa	15 g	23	95
Sos waniliowy	1 porcja	60 g	53	223
Sos włoski, gotowy produkt	1 łyżka stołowa	15 g	36	149
Sos worcester	1 łyżka stołowa	15 g	22	92
Sos z pieczeni, chudy		125 ml	25	105
Sos z pieczeni, tłusty		125 ml	220	920
Sos z pieczeni z dziczyzny		100 ml	11	46
Sos z pieczonej ryby		100 ml	8	36
Sól jadalna	1 szczypta	2 g	0	0
Spaghetti Bolognese	1 porcja	325 g	731	3059
Spaghetti, surowe		100 g	360	1506
Spirytus winny	1 kieliszek	2 cl	50	208
Squash (owoc tropikalny)	1 porcja	200 g	112	468
Stachys (owoc tropikalny)	1 porcja	200 g	160	672
Stek cielęcy, chudy	1 porcja	125 g	169	708
Stek wieprzowy, chudy	1 porcja	125 g	195	815
Strąki okry (gatunek papryki)		100 g	20	84
Strąki okry gotowane, w puszce	1 szklanka	0,4 l	52	220
Strąki papryki	1 sztuka	95 g	20	84
Strucla jabłkowa	1 kawałek	100 g	164	688
Strucla z czereśniami	1 kawałek	100 g	218	914
Strucla z jabłkami	1 kawałek	125 g	164	688
Strucla z twarogiem	1 kawałek	100 g	261	1091
Stynka (mała rybka łososiowata)		100 g	98	412
Sucha kiełbasa	1 sztuka	80 g	309	1294
Sucharki z mąki razowej	1 sztuka	10 g	36	149

Nazwa artykułu żywnościowego	Jednostka	Dozowanie	kcal	kJ
Sucharki z mąki razowej		100 g	359	1502
Suchary	1 sztuka	10 g	43	179
Suflet z klusek / makaronu	1 porcja	300 g	1041	4359
Surówka z jabłka i czerwonej kapusty, mrożona	1 opakowanie	450 g	300	1250
Surówka z mieszanych warzyw, z dressingiem	1 porcja	100 g	41	170
Surówka z mieszanych warzyw, z majonezem	1 porcja	100 g	121	507
Surówka z mieszanych warzyw, z olejem	1 porcja	100 g	77	322
Surówka z mieszanych warzyw, ze śmietaną	1 porcja	100 g	70	292
Syrop imbirowy	1 łyżka stołowa	15 g	55	230
Syrop klonowy	1 łyżka stołowa	20 g	50	209
Syrop malinowy	1 łyżeczka d. h.	8 g	20	84
Syrop malinowy	1 łyżka stołowa	20 g	55	230
Syrop z oliwnika, słodzony	1 łyżka stołowa	20 g	65	270
Syrop z oliwnika, niesłodzony	1 łyżka stołowa	20 g	10	42
Szafran	1 łyżeczka d. h.	4 g	10	42
Szafran	1 szczypta	1 g	3	13
Szalotki	1 sztuka	30 g	23	97
Szałwia suszona	1 łyżeczka d. h.	1 g	3	13
Szałwia świeża, siekana	1 łyżeczka d. h.	3 g	2	8
Szampan	1 kieliszek	0,2 cl	144	604
Szarlotka	1 kawałek	100 g	217	908
Szaszłyki	1 sztuka	150 g	183	768
Szczaw		100 g	17	70
Szczupak	1 porcja	150 g	140	584
Szczupak	1 sztuka	2000 g	1860	7780

Nazwa artykułu żywnościowego	Jednostka	Dozowanie	kcal	kJ
Szczupak morski	1 porcja	150 g	128	531
Szczypiorek, mrożony	1 łyżka stołowa	10 g	3	13
Szczypiorek, suszony	1 łyżka stołowa	3 g	6	25
Szczypiorek świeży, siekany	1 łyżka stołowa	8 g	2	8
Sznycel cielęcy, chudy	1 porcja	125 g	169	707
Sznycel wieprzowy	1 porcja	125 g	195	815
Sznycel z indyka, smażony	1 porcja	125 g	185	774
Sznycle wiedeńskie	1 porcja	125 g	286	1196
Szparagi gotowane, mrożone	1 porcja	200 g	94	396
Szparagi świeże	1 porcja	200 g	38	156
Szpinak gotowany, mrożony	1 porcja	200 g	60	250
Szpinak mrożony	1 porcja	200 g	60	249
Szpinak świeży	1 porcja	200 g	36	148
Szpinak z sosem śmietanowym, mrożony	1 porcja	200 g	182	766
Szprotki świeże	1 porcja	150 g	339	1418
Szprotki wędzone	1 porcja	50 g	163	683
Sztokfisz (dorsz) suszony	1 porcja	50 g	180	755
Sztokfisz mrożony	1 porcja	150 g	191	798
Sztuczny miód	1 łyżka stołowa	25 g	65	275
Szynka gotowana	1 plasterek	30 g	65	270
Szynka gotowana	1 porcja	125 g	269	1126
Szynka gotowana		100 g	215	901
Szynka konserwowa	1 plasterek	50 g	95	398
Szynka łososiowa	1 porcja	30 g	40	167
Szynka parmeńska	1 plasterek	30 g	102	427
Szynka piwna	1 porcja	30 g	55	230
Szynka wieprzowa	1 porcja	125 g	195	815

Nazwa artykułu żywnościowego	Jednostka	Dozowanie	kcal	kJ
Szynka wieprzowa gotowana, wędzona	1 plasterek	50 g	108	451
Szynka wieprzowa surowa, wędzona	1 plasterek	50 g	180	753
Śledź	1 sztuka	60 g	353	1481
Śledź pieczony	1 porcja	125 g	278	1160
Śledź rzeczny, surowy		100 g	197	827
Śledź w oleju, konserwa	1 porcja	125 g	440	1841
Śledź solony	1 sztuka	25 g	487	2038
Śledź wędzony	1 sztuka	25 g	805	3370
Śledzie matiasy	1 sztuka	160 g	467	1957
Śledzie w occie	1 filet	60 g	135	565
Śledziona cielęca		100 g	100	418
Ślimaki świeże	1 porcja	36 g	32	135
Ślimaki winniczki		100 g	90	378
Śliwka suszona	1 sztuka	8 g	18	75
Śliwki	1 sztuka	45 g	26	108
Śliwki suszone		100 g	225	938
Śliwki w puszce	1 porcja	125 g	114	474
Śliwki węgierki	1 sztuka	30 g	17	72
Śliwki węgierki		100 g	57	239
Śliwki węgierki, mrożone	1 porcja	165 g	94	394
Śliwki węgierki, suszone	1 sztuka	7 g	20	84
Śliwki węgierki, suszone		100 g	286	1198
Śliwki węgierki, w zalewie	1 słoik	720 g	655	2741
Śliwowica	1 kieliszek	2 cl	50	208
Śmietana, 30% tłuszczu	1 kubeczek	150 g	450	1884
Śmietana, 30% tłuszczu	1 łyżka stołowa	25 g	74	314
Śmietana, 40% tłuszczu	1 kubeczek	125 g	533	2231

Nazwa artykułu żywnościowego	Jednostka	Dozowanie	kcal	kJ
Śmietana, 40% tłuszczu	1 łyżka stołowa	25 g	106	444
Śmietana alpejska, 12% tłuszczu	1 łyżka stołowa	20 g	30	125
Śmietana w proszku	1 porcja	10 g	60	251
Śmietanka, 20% tłuszczu	1 kubeczek	200 g	436	1826
Śmietanka, 20% tłuszczu	1 łyżka stołowa	25 g	55	228
Śmietanka, 30% tłuszczu	1 kubeczek	200 g	604	2528
Śmietanka, 30% tłuszczu	1 łyżka stołowa	25 g	76	316
Śmietanka do kawy, 10% tłuszczu	1 łyżeczka d. h.	5 g	7	29
Śmietanka do kawy, 15% tłuszczu	1 łyżeczka d. h.	5 g	9	38
Śrut jaglany < 1700 (mąka jaglana grubo mielona)	1 porcja	10 g	33	142
Śrut żytni	1 łyżka stołowa	10 g	30	127
Śruta gryczana < 1700	1 łyżka stołowa	10 g	36	152
Tasza (ryba morska), surowa	1 porcja	150 g	115	480
Tatar	1 porcja	100 g	130	546
Tequila	1 szklanka	2 cl	48	201
Tępogłów (ryba)	1 porcja	150 g	190	790
Tiramisu (ciastko)	1 porcja	150 g	365	1535
Tłuszcz z pestek palmowych	1 łyżeczka d. h.	4 g	37	156
Tłuszcz z pestek palmowych	1 łyżka stołowa	12 g	111	467
Toblerone, baton	1 kawałek	6 g	45	188
Tofu		100 g	72	300
Tofu, stałe (w kostce)		100 g	92	384
Tokaj	1 szklanka	5 cl	90	375
Topinambur (słonecznik bulwowy)		100 g	30	126
Torcik owocowy z biszkoptami	1 kawałek	120 g	266	1116

Nazwa artykułu żywnościowego	Jednostka	Dozowanie	kcal	kJ
Tort bezowy	1 kawałek	100 g	307	1287
Tort cebulowy	1 kawałek	100 g	207	867
Tort czekoladowo-śmietankowy	1 kawałek	100 g	317	1326
Tort czekoladowy	1 kawałek	100 g	343	1435
Tort jabłkowy	1 kawałek	100 g	220	920
Tort książęcy	1 kawałek	120 g	517	2167
Tort Linz	1 kawałek	70 g	297	1244
Tort morelowy	1 sztuka	100 g	220	920
Tort orzechowo-śmietankowy	1 kawałek	100 g	328	1372
Tort piaskowy	1 sztuka	90 g	389	1628
Tort serowo-śmietankowy	1 kawałek	120 g	317	1327
Tort śmietankowy	1 kawałek	120 g	269	1123
Tort truskawkowy z bitą śmietaną	1 kawałek	100 g	203	849
Tort z wiśniami	1 kawałek	100 g	263	1103
Tortellini surowe (pierożki)		100 g	390	1632
Trufle suszone	1 porcja	5 g	8	33
Trufle świeże	1 porcja	5 g	3	13
Truskawki	1 porcja	150 g	40	170
Truskawki, mrożone	1 porcja	125 g	205	862
Truskawki, z cukrem	1 porcja	125 g	122	515
Trybula suszona	1 łyżka stołowa	3 g	10	42
Trybula świeża	1 porcja	25 g	18	75
Trybula świeża, siekana	1 łyżka stołowa	15 g	11	46
Tuńczyk mrożony	1 porcja	150 g	288	1200
Tuńczyk świeży	1 porcja	150 g	288	1200
Tuńczyk w puszce	1 porcja	50 g	183	765
Turbot	1 sztuka	180 g	175	729
Twaróg, 10% tłuszczu	1 porcja	30 g	23	96

Nazwa artykułu żywnościowego	Jednostka	Dozowanie	kcal	kJ
Twaróg, 20% tłuszczu	1 porcja	30 g	34	141
Twaróg, 40% tłuszczu	1 porcja	30 g	50	208
Twaróg, 50% tłuszczu	1 porcja	30 g	69	289
Twaróg granulowany, 10% tłuszczu	1 porcja	30 g	29	120
Twaróg granulowany, 20% tłuszczu	1 porcja	30 g	31	130
Twaróg granulowany, 30% tłuszczu	1 porcja	30 g	35	146
Twaróg granulowany, 40% tłuszczu	1 porcja	30 g	48	200
Twaróg granulowany, 50% tłuszczu	1 porcja	30 g	68	287
Twaróg z owocami, 10% tłuszczu	1 porcja	30 g	137	572
Twaróg z owocami, 20% tłuszczu	1 porcja	30 g	159	668
Twaróg z owocami, 40% tłuszczu	1 porcja	30 g	192	806
Twaróg z owocami, 50% tłuszczu	1 porcja	30 g	233	977
Twaróg z ziołami, 40% tłuszczu	1 porcja	30 g	49	206
Twarożek śmietankowy, tłusty	1 porcja	60 g	213	892
Tymianek suszony	1 łyżeczka d. h.	3 g	3	13
Tymianek świeży, siekany	1 łyżeczka d. h.	5 g	2	7
Tyrolska kiełbasa szynkowa	1 porcja	25 g	77	320
Tzatziki (potrawa grecka)	1 porcja	125 g	91	383
Tzatziki	1 łyżka stołowa	30 g	22	92
Udko kurczęcia	1 sztuka	100 g	120	502
Udo indyka	1 porcja	125 g	179	748
Udo kaczki	1 sztuka	275 g	467	1952

Nazwa artykułu żywnościowego	Jednostka	Dozowanie	kcal	kJ
Udziec jagnięcy	1 porcja	125 g	266	1115
Udziec sarni	1 porcja	125 g	95	398
Udziec wołowy, chudy	1 porcja	125 g	193	804
Udziec z dzika	1 porcja	125 g	224	938
Ugli (owoc cytrusowy)	1 porcja	100 g	44	185
Wafle	1 sztuka	150 g	626	2619
Wafle ryżowe		100 g	400	1674
Wata cukrowa	1 sztuka	3 g	27	115
Wątłusz srebrzysty, wędzony	1 porcja	50 g	73	307
Wątroba cielęca	1 porcja	125 g	188	783
Wątroba jagnięca	1 porcja	125 g	244	1020
Wątroba wieprzowa	1 porcja	125 g	199	831
Wątroba wołowa	1 porcja	125 g	169	708
Wątróbka gęsia	1 porcja	125 g	95	400
Wątróbka z gęsi	1 plasterek	50 g	250	1047
Wątróbki kurze	1 porcja	125 g	183	764
Wermut słodki	1 szklanka	5 cl	80	335
Wermut, wytrawny	1 szklanka	5 cl	63	264
Wędlina w galarecie	1 plasterek	30 g	76	316
Wędzonka wołowa	1 porcja	125 g	344	1441
Węgierski gulasz	1 porcja	150 g	181	757
Węgierskie salami	1 porcja	30 g	134	561
Węgorz morski	1 sztuka	100 g	310	1298
Węgorz morski, wędzony	1 porcja	50 g	150	628
Węgorz świeży	1 porcja	150 g	297	1244
Węgorz wędzony	1 porcja	50 g	203	853
Whisky	1 kieliszek	2 cl	50	208
Wiedeńska pieczeń siekana	1 plasterek	125 g	159	665

Nazwa artykułu żywnościowego	Jednostka	Dozowanie	kcal	kJ
Wieniec orzechowy z ciasta drożdżowego	1 kawałek	80 g	283	1186
Winiak	1 kieliszek	2 cl	47	196
Wino białe, deserowe	1 szklaneczka	0,2 l	204	856
Wino białe, wytrawne	1 szklaneczka	0,2 l	130	546
Wino białe, (późne winobranie)	1 szklaneczka	0,2 l	160	674
Wino czerwone, ciężkie	1 kieliszek	0,2 l	148	622
Wino czerwone, lekkie	1 kieliszek	0,2 l	120	502
Wino czerwone, średnie	1 kieliszek	0,2 l	120	502
Wino grzane	1 szklanka	0,2 l	184	768
Wino jabłkowe	1 kieliszek	0,2 l	96	400
Wino musujące	1 szklaneczka	0,1 l	72	302
Wino owocowe	1 szklanka	0,2 l	96	398
Wino piołunowe słodkie	1 szklanka	100 ml	160	669
Wino piołunowe, wytrawne	1 szklanka	100 ml	123	515
Wino porzeczkowe	1 szklanka	0,1 l	76	318
Wino z wodą	1 szklanka	0,25 l	55	230
Winogrona białe		100 g	76	317
Winogrona białe, konserwowe	1 porcja	125 g	126	528
Winogrona, niebieskie (czarne)		100 g	73	307
Wiórki czekoladowe	1 łyżeczka d. h.	4 g	14	58
Wiórki kokosowe	1 łyżka stołowa	10 g	37	154
Wiśnie		100 g	57	237
Włoszczyzna na zupę, w proszku	1 łyżka stołowa	10 g	3	13
Wódka, 40 Vol. -%	1 kieliszek	2 cl	45	185
Wołowina, chuda	1 porcja	125 g	193	804

Nazwa artykułu żywnościowego	Jednostka	Dozowanie	kcal	kJ
Wołowina, pieczeniówka, chuda	1 porcja	125 g	193	804
Wołowina, szpik		100 g	139	584
Wołowina, szponder	1 porcja	125 g	303	1265
Wołowina, średnio tłusta	1 porcja	125 g	251	1053
Wołowina, tłusta	1 porcja	125 g	314	1311
Wołowina, żołądek, jelita (flaki wołowe)	1 porcja	150 g	81	342
Zaczyn (zakwas) na chleb		100 g	128	535
Zaprawa cytrynowa	1 łyżeczka d. h.	7 g	20	84
Zaprawa cytrynowa	1 łyżka stołowa	15 g	43	180
Zasmażka z tartej bułki		100 g	379	1586
Zębacz	1 porcja	150 g	150	629
Ziarna jęczmienia	1 łyżka stołowa	16 g	53	223
Ziarna młodej pszenicy (orkiszu), pełne ziarno (dodatek do zup)	1 łyżka stołowa	16 g	55	230
Ziarna zbóż z owocami, na wodzie (kleik)	1 porcja	120 g	67	280
Ziele angielskie	1 łyżeczka d. h.	2 g	6	25
Zielony sos	1 łyżka stołowa	20 g	50	210
Ziemniaki gotowane	1 porcja	200 g	166	698
Ziemniaki surowe		100 g	83	349
Ziemniaki z solą	1 porcja	200 g	208	872
Zsiadłe mleko, 1,5% tłuszczu	1 porcja	150 g	71	297
Zsiadłe mleko, 3,5% tłuszczu	1 porcja	150 g	103	430
Zupa cebulowa, czysta	1 porcja	0,25	55	230
Zupa fasolowa	1 porcja	256 g	240	1004
Zupa gulaszowa, w puszce	1 porcja	0,25 l	268	1120
Zupa ogonowa	1 porcja	0,25 l	84	355

Nazwa artykułu żywnościowego	Jednostka	Dozowanie	kcal	kJ
Zupa pomidorowa	1 porcja	0,25 l	8	35
Zupa z borowików, gotowy produkt	1 torebka	55 g	254	1064
Zupa ziemniaczana przecierana (zupa krem), w proszku	1 porcja	0,2 l	106	448
Zupa-krem ze szparagów, instant	1 porcja	180 g	20	84
Żabie udka	1 sztuka	25 g	20	80
„Żądło", ciastko z migdałami i miodem	1 sztuka	5 g	220	925
Żelatyna	1 listek	2 g	6	25
Żelki	1 sztuka	2 g	6	27
Żelki „Gumisie"		100 g	328	1377
Żółte pomidory		100 g	19	79
Żółtko jajka	1 sztuka	20 g	74	312
Żurawiny		100 g	48	201
Żyto, pełne ziarno	1 łyżka stołowa	10 g	50	210

Indeks